17万人のAI分析で
わかった
新しい成功法則

「普通」に見えるあの人が
なぜすごい成果をあげるのか

New Rules For Business Success
Based On AI Analysis

越川慎司

KADOKAWA

はじめに

「日々、仕事に励んでいても成果が思うようにあがらない」

近年はそんな声やアンケート結果を見る機会が増えてきました。

私は800社を超えるクライアントの「働き方改革」を支援しているので、個々の社員の悩みに向き合う機会も多くなっています。そうした中にあって、**〝短い労働時間で確実に成果をあげている社員と、長い労働時間を費やしても成果をあげられない社員の違いは何か〟**を考えるようになりました。

一見しただけではエリートに見えない社員でも、生き生きと活躍している人がどの職場にもいたのは発見の1つでした。

成果をあげられる社員と、あげられない社員。

生き生きと活躍している社員と、そうではない社員。

その違いはどこにあるのでしょうか?

これまでは、職場で交わされた会話やコミュニケーションのあり方、個々の社員の作業方法や仕事への向き合い方については、偶発的に蓄積された行動履歴として捉えられがちでした。誰がどんな発言をしてどのように行動しようとも、その履歴が活用されることはなかったのです。しかし現在では、テクノロジーの進歩によって行動履歴が「データ資源」に昇華しています。行動とその結果から「仮説ストーリー」を作り出すことができるようになっているのです。

私が代表を務める株式会社クロスリバーでは、これまで約８００社17万人の働き方改革を支援して、多種多様な行動履歴を取得してきました。

プライバシー保護を大前提として、ＡＩ（人工知能）を駆使しながら専門家が行動履歴データを分析することで、**「仕事ができる活躍社員の成功モデル」**を構築することができました。

その成功モデルから導き出されるのが、「このように行動したら、こうなる可能性が高い」という仮説ストーリーです。

それにもとづきクライアント企業と一緒に行動実験を行い、再現性を検証しています。

組織や個人が激しい変化の中で生き抜くことができるかどうかは、「行動実験できるかどうか」にかかっています。

過去の経験や直感でビジネスを進めていたのでは、行動変革はできません。

不確実性と複雑性が高い時代には、確実に準備することが重要なのではなく、まず行動

して、学びながら修正していく機敏な行動が求められます。

本書では、様々な行動実験の結果を開示しています。

その結果を「知ってもらうこと」が目的ではなく、結果にもとづいて「動いてもらうこと」を目的としています。

「実際に行動をした」誰もが、ムダをなくした最短距離で成果を残せるように……。そして、社員と企業、社会が三位一体となって幸せになっていけるようにするための行動マニュアルとしてまとめているのが本書です。

ほんの5年ほど前までは、残業や徹夜をして苦労している人の評価が高くなる企業はたくさんありました。しかし、2018年6月公布（施行は2019年4月以降、順次）の働き方改革関連法によって労働時間の上限がセットされて状況は変わりました。これにより「残業のしすぎは悪」というイメージが生まれてきたのです。

また、コロナ禍にあって、成果主義を強めた「ジョブ型評価」が注目されるようになった中では、プロセスではなくアウトプットを評価する動きも加速しました。

この2つの変化によって、長い時間働いて成果を残すというあり方は、以前に比べて評価されなくなってきているのです。

他の人よりも少ない時間で、他の人よりも成果を残す社員が評価されるようになっています。

労働時間は増やせないという制約が生まれているので、自分で考えて工夫して成果を残すことが求められているのです。

ジョブ型評価が徐々に浸透している中で、成果を残した社員には、自由と自己選択権が与えられています。たとえば、大企業であれば社内異動がしやすくなったり、中堅中小企業では自分の望む職種や部門に異動しやすくなったりしています。労働市場全体で見ても、徹夜して頑張れる人よりも、短い時間で成果を残す人へのニーズが高まっているので、転職などでも有利になります。

全社員がこれまでよりも少ない労働時間でより多くの成果を残し、売上と利益が上がるようになれば、社員にとっても企業にとってもハッピーです。

働く時間が短くなった人たちが、家族と過ごす時間を増やし、ボランティアや趣味などの活動を行うようになれば、社会全体にとってもハッピーです。

良かれと思ってやっていることがムダだと知り、それをやめることができれば時間は生み出されます。生み出された時間で、自分や会社の成果に直結するものに時間を費やせば、これまで以上のアウトプットができ、それだけ成果をあげられます。

そうして社員、企業、社会が三位一体となって幸せな体制を作っていくためには、**「最短距離の仕事術」**を浸透させる必要があるのです。


私が創業したクロスリバーは、2017年の創業時から完全にリモートワーク体制にしていて、全員が週休3日です。そのうえで「複業しなければ入社できない」という働き方実験も実践してきました。

そんな我々よりもユニークな工夫を凝らし、自ら行動実験をしながら成果をあげているビジネスパーソンが、クライアント企業の中には多く存在していたのも事実です。

クロスリバーは、そういう人たちを**「活躍社員」**としてサンプリングしています。

その行動履歴や言動のデータを収集し、専門家と組んでAIで分析しました。中立公正なAIにより、活躍社員の共通点と、他の社員との意外な違いを明らかにすることができました。

そこで**判明した活躍社員の行動やポリシーを「一般社員に当てはめても成果があがるか」を再現実験しています。**

つまり、本書は、その実験の結果をまとめたものです。

活躍社員の行動の中で、一般社員でも再現度が高く、成果につなげやすいものを中心に紹介しています。

昨年から今年にかけて上梓《じょうし》した『ＡＩ分析でわかった　トップ５％社員の習慣』『ＡＩ分析でわかった　トップ５％リーダーの習慣』（共にディスカヴァー・トゥエンティワン）は大きな反響を呼びました。

各社のトップ人材の行動法則を分析したこのシリーズに対する感想や要望の中で多く見られたのが、「トップ５％の人材にまでは届かなくとも、日常の職場で少しずつ成果をあげていけるようにするための、より具体的な方法論を示してほしい」という声でした。本書はその要望に応えるものでもあるのです。

研究文書としてまとめたものでもなければ、活躍社員がいかにすごいかを自慢するためのものでもありません。

すべてのビジネスパーソンが、激しい変化の中を生き抜いていき、最短距離で成果を残していけるようにするための指南書です。

本書に示してあるテクニックのどれか１つでもいいので、実際にやってみてください。そして、少しでも効果があれば、他のテクニックにもトライしてください。

ゼロからスタートするよりも、他人の失敗や成功を理解して始めたほうがムダな実験をしなくて済みます。

変化を生き抜くためには、行動の選択肢を増やしたほうがいいのです。

行動の選択肢を増やすには、行動実験を積み重ねるしかありません。

その行動実験をムダなくやるために本書を活用してください。

1人でも多くのビジネスパーソンが実際にトライを始め、自分の変化を楽しむようになってくれることを強く願っています。

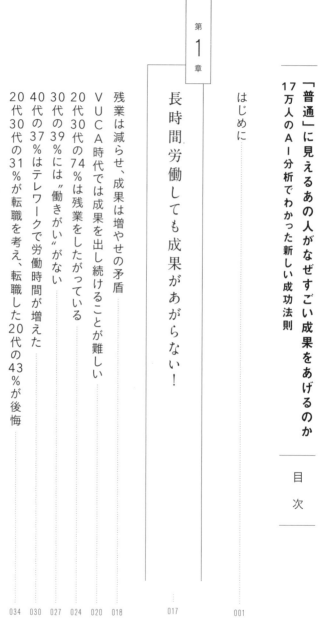

「普通」に見えるあの人がなぜすごい成果をあげるのか
17万人のAI分析でわかった新しい成功法則

目次

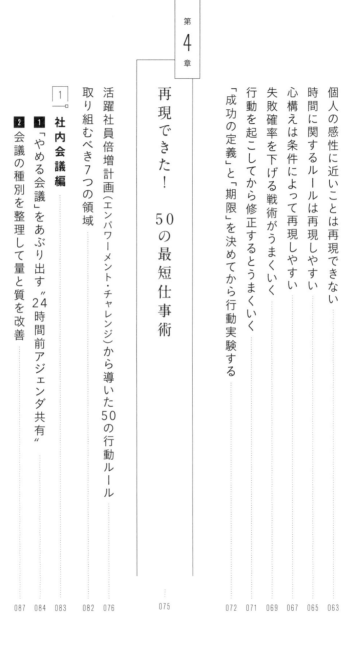

第5章 活躍したいビジネスパーソンが明日から実践すべきこと

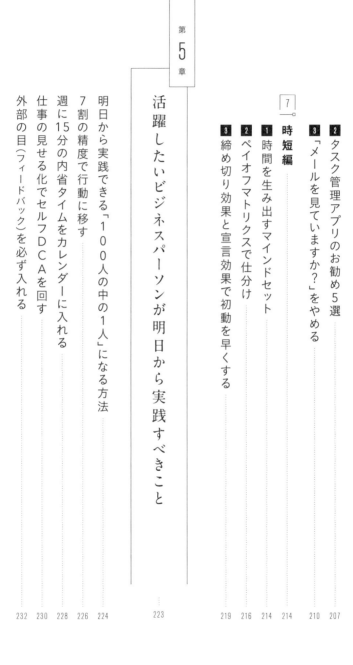

ブックデザイン　西垂水敦・市川さつき（krran）
DTP　エヴリ・シンク
カバー・表紙写真　aluxum/iStock

第1章

長時間労働しても成果があがらない！

残業は減らせ、成果は増やせの矛盾

2017年から働き方改革に取り組んでいる企業約600社に対して匿名回答でヒアリングをしたところ、**「働き方改革に成功していますか？」という問いに対して「成功しています」と回答した企業がわずか12％に過ぎませんでした。**

追跡調査で、なぜ成功していないのかを確認したところ、「経営陣の意識が変わらない」「現場がついてこない」といった回答が多くを占めていました。

2019年にまず大企業を対象に労働時間の上限規制がスタートしました。大企業は一斉に残業時間の抑制に走りました。罰則もあることから、多くの経営陣は、人事部にその管理徹底を丸投げしたのです。人事部は各管理職に部下の労働時間の管理を徹底させて、月30時間を超える時間外労働をしている社員に対しては注意喚起を行いました。

このようなかたちで労働時間を削減していく働き方改革を行っている企業が、全体の76％にのぼることもわかっています。

民間企業では、働き方改革関連法を遵守しつつも会社を成長させなくてはいけないので、売上目標を落とすことはありません。

つまり、**「残業は減らして、成果をあげろ」という矛盾に満ちたメッセージをトップダ**

ウンで出しているケースばかりが目立つのです。

現場の社員の立場でいえば、労働時間の削減については賛成できても、働き方や仕事の進め方を変えなければ自分たちにプレッシャーが押しつけられるだけになります。

実際のところ、企業では効率の良い時間の使い方、働き方はできているのでしょうか?

175社を調査したところ、1時間の経営会議を準備するために、平均して延べ75〜85時間が使われていることがわかりました。現場の社員は経営会議の準備のために残業しているのです。

一般に、社内の稟議《りんぎ》は3人以上にハンコをもらわなければ先に進みません。リモートワーク期間中に部長が出社すれば、配下のメンバー全員も出社しなければならなくなるような同調圧力も存在します。

こうしたことをやめない限り、根本的な改革は進みません。

もちろん、労働時間を減らすこと自体は私も賛成です。

社会人生活を20年以上続けているあいだに、私は2度も精神疾患を患いました。仕事が楽しすぎて、寝る時間も惜しんで働きすぎたからです。29歳のときに突然、靴の履き方がわからなくなり、気づいたら左足にサンダル、右足に革靴を履いていました。やはり睡眠時間を削って海外のメンバーたちとやり取りしていた30代後半にも、軽い鬱病を発症しました。幸運にも数週間で職場復帰できましたが、何年経っても職場復帰できない友人は周囲にたくさんいます。

そのように働きすぎて体調を崩してしまっては元も子もないので、労働時間の上限を決めることには賛成です。しかし、労働時間を短くするだけでは負担は増えます。

会社の要求に応えながら自分の人生を豊かにするためには、「短い時間で成果を残す方法」を探し出し、実践していかなくてはならないのです。

ゲームのルールが変わったのだといえます。

限られた時間の中で、より早く、より多くの成果を残していけてこそ、このゲームの中で生き抜くことができるのです。

ＶＵＣＡ時代では成果を出し続けることが難しい

私が社会人になった１９９０年代後半は、バブル崩壊によって経済が縮小したものの、まだ日本企業が輝いていた時代でした。時価総額で見た世界ランキングのトップ10には当時のＮＴＴ（日本電信電話株式会社）とトヨタ自動車が入り、私は新卒でＮＴＴに入社しました。20万人以上の従業員がいて、入社した同期社員が２０００人もいました。

研究開発室でイノベーションが起き、高性能で低価格なモノが開発できれば売れる「モノ消費」の時代でした。売り方は、役員会議室で特定の人だけで決められ、それを全国にあまねく浸透させれば、売上が右肩上がりになる時代だったのです。

当時は消費者や企業のニーズがシンプルで同質的なものが多かったので、解決策が見つけやすく、それをトップダウンで展開していけばよかったのです。組織としての力があるので、現場の実行部隊をしっかりと管理できていたなら、売上は上げられました。

当時の私も、上司から「言われたことだけをやれ！」と檄《げき》を飛ばされ、それを実直にこなしていました。怖い上司から感情的に指示を出されて、恐々と作業をこなしていたのです。それでも、労働時間は短く、多くを考えず言われたことをやるだけでよかったのですから、今に比べれば楽だったと思います。

しかし、状況は変わりました。

市場と顧客のニーズは年を追って複雑になり、ニーズ自体が見えなくなってきたので、種まきが必要な状態になったのです。

市場の変化はわかりにくくなり、１つの解決策で多くの課題を解決することはできなくなりました。課題解決の方法は多様化していったのです。

Volatility（変動性）、Uncertainty（不確実性）、Complexity（複雑性）、Ambiguity（曖昧性）がキーワードに挙げられる「ＶＵＣＡ（ブーカ）時代」です。このような時代にあっては、全体最適ではなく個別最適が求められます。

そうなると、研究開発室で生み出された1つのことですべての顧客を満足させることはできません。個々の課題を把握して、それを瞬時に解決することはソリューションと呼ばれます。現場の営業に対しては、単なる商品紹介ではなく課題解決の提案が求められるようになったのです。

現場の社員を自発的に動かして、個別課題を瞬時に解決する体制も必要になりました。現場で起きている変化を察知した優秀な経営者は、自由と責任の裁量権を現場に渡していきます。現場の人間が自分たちで考えて「自走する組織」を作ろうとしたのです。

社内の風通しを良くして情報連携を重視し、現場の情報がスムーズに経営陣にまで上がってくる仕組みも整えました。ホウレンソウ（報告、連絡、相談）という階層型・軍隊型の組織でやっていくのはやめて、現場からの情報を吸い上げる仕組みを作っていったのです。

こうした経営陣の意識変革や、経営陣からの歩み寄りがある企業では、働き方改革が成功しやすいのは事実です。

実際に「働き方改革に成功している」と答えた12％の企業のうち約73％の企業は、経営人の歩み寄りがありました。

ただし、そういう企業ばかりではないのが現実であり、社員の誰もが時代の変化の中で自分を変えようとしているわけではありません。

働き方改革を実践しなくても、クビになったり死んだりするわけではないので、危機感を持たない人たちもいます。改革しないで残業していれば、残業代も出るため、住宅ローンの支払いには助かると考えている人たちは少なくないのです。

変化に対応しようとする経営陣がいても、現場が動かなければ、会社の成果はあがりません。売上を伸ばすために課題解決しようと思うなら、市場に近い現場の社員を動かす必要があります。そういう状況であるなら、成果主義をベースとしたジョブ型の評価制度が浸透していくのは自然なことです。

変化の激しい時代においてこそ、自発的に動いて成果を出し続ける社員が求められ、組織自体も変わっていく必要があるのです。

20代30代の74%は残業をしたがっている

会社側が働き方改革を推進して残業抑制を進める一方で、現場の社員のモチベーションは下がっています。

仕事が終わらないのに帰るわけにはいかないので、残業時間をつけずに自宅で作業したり、職場の近くの喫茶店でこっそり仕事をしたりします。そんな状況でありながら、「残業するのは本人の能力がないからだ」と決めつけるパワハラ上司もいます。

仕事がスムーズに終わって残業がなくなればいいのですが、会社の上層部はいまだに大人数の集合型会議を行い、仕事の進め方を変えません。それでは現場の仕事が終わるはずがないのです。

1万2000人の20代30代ビジネスパーソンに対して匿名回答アンケートを取ったところ、残業抑制への反対派は89%いました。「むしろ残業をしたい」と答えた人は74%もいたのです。残業をしたいのに強制的に労働時間を圧縮されることで、モチベーションは目に見えて落ちていました。

クロスリバーの調査では、**働きがいを感じている人の生産効率は、そうでない人より45%高いことがわかっています。**

労働時間を圧縮できても、社員のモチベーションを下げてしまい、生産効率が落ちるのは本意ではないはずです。

残業したがっている人たちには、その理由を自由記入で回答してもらいました。その第3位は「そもそも仕事が終わらないから」という想定どおりの回答でした。第2位は「残業代が欲しいから」という正直な回答です。私は個人的にはこの回答がダントツの第1位になると思っていたのですが、そうではなかったのです。

予想外でダントツの第1位(51%)だったのは、「スキルを磨きたいから」でした。

一人前のビジネスパーソンになるために、仕事を通じて経験を増やしたり、研修を受けてビジネススキルを高めたいという20代30代が圧倒的に多かったのです。

会社側はこの実情を理解しておらず、社員の研修時間は減少傾向をたどっていました。

そもそも日本の企業では、社員1人あたりにかけるOJT以外の教育費は先進諸国の中でも著しく低いのです。2001年~2010年には、GDP比率で見ると最も高いフランスの8分の1程度しか投資していないという惨状です。リーマンショックから回復し始めた2010年以降は一時的に研修費が増加しましたが、2017年から働き方改革が始まり、研修時間も短くなる傾向にあります。

追加アンケートで、どのようなスキルアップがしたいかを20代30代に聞いたところ、「ビジネススキル」と答えた人が63％もいました。

ビジネススキルとは文書作成やコミュニケーション能力、ＩＴツールの利活用、会議ファシリテーションやプレゼンテーション能力などを指します。

こうしたスキルを身につけたいという若手社員が増えているのは歓迎すべきことです。しかし残念ながら企業側はこの事実に気づいておらず、働く時間と学ぶ機会を一方的に縮小し、ビジネスの源である人材のエンジンを止めてしまっているわけです。

一方で、働き方改革に先行している企業の半数以上は、「学び方改革」を推進しています。

会社側と社員が必要だと思う研修メニューを作成し、興味を持った講座を社員が自分でピックアップできるような仕組みを作っているのです。

会社の成長に必要な技能を身につけさせ、社員にとっては自分の成長に必要なビジネススキルを身につけることになるわけです。たとえば、新たな収益の柱となるデジタル商材を開発するために必要なプログラミングを社員に習得させ、新たな商品を市場投入する際に社内外で必要なコミュニケーションスキルを社員が身につけようとしているわけですから、会社も社員もハッピーです。

研修時間を増やすために「業務変革」を進めている企業も少なくありません。社内会議や報告書を減らして、その時間を研修に充《あ》てるやり方などがあります。そのように社員と会社が望むスキルアップをするために時間を生み出す考え方ができていると、結果的には残業抑制に効果がもたらされます。

時間を削るのではなく、時間を生み出す。

その感覚が社員を前向きにするので、社員は率先してムダな作業をやめるようになっていくのです。

30代の39%には〝働きがい〟がない

これまで800社以上の働き方改革を支援してきた中では、「働きがい診断調査」を実施してきました。

クライアント企業に所属する17万人以上を対象として、「働きがいがあるかないか」「どういうときに働きがいを感じるか」など30以上の項目に答えてもらい、専門家とAIが分析を続けてきたのです。

働きがいがあると回答したのは40代前半と20代前半に多く、各々45%以上になります。

最も働きがいを感じていないのは20代後半と30代前半です。とくに30代前半では39％の人しか働きがいを感じておらず、危機的な状況になっています。

30代前半の人をランダムに抽出し、個別ヒアリングをしたところ、いくつかの共通点が見出されました。

1つ目は「積み重ね」という言葉が口にされることが多かった点です。

20代前半で期待に満ちあふれて社会人になっても、裁量権はあまりありません。与えられた仕事を実直にこなすことで業務処理能力を高めていくことになります。販売員ならコミュニケーション能力を高めてスムーズに接客ができるようになり、経理部門なら財務諸表の見方や決算処理の実務を覚えます。30代前半の人たちは、そうしてやってきた世代です。

しかし、こうした積み重ねにはマイナスの側面も含まれていました。これまで10年近く積み重ねてきたことが「リセットされてしまうのではないか」という危機感があるのです。外部環境の変化もあって、これまで積み重ねてきたものがテクノロジーに代替されてしまう経験をすでにしている人もいます。たとえば業務処理能力を高めていても、RPA（ロボティック・プロセス・オートメーション）という自動ツールを使えば、そこにかける人手は必要なくなります。対面接客のスキルを身につけていても、オンライン接客となって新たなスキルを磨かなくてはならなくなるケースなどもあるようです。苦労して我慢して積み重ねてきたことが時代の変化で錆《さ》びていってしまうことを感じているのが30代前半です。

2番目によく聞かれた言葉は「感謝」でした。

仕事を通じてお客様に「ありがとう」と言われたり、社内で協力した人から感謝されたり、実績を認められてリーダーに昇格したり……。全年代に共通することですが、**他者からの「感謝」「承認」は、働きがいを生み出す大きな要素**となっています。その中でも30代前半は、「承認」を求める発言が他の年代よりも多かったのです。

追跡調査したところ、「承認されたいが、承認される機会が少ない」という現実に直面しているケースが多いこともわかりました。

毎日のように「ありがとう」と言われていれば、そのありがたさに気づくことは難しいものです。しかし、自分の努力が認められずに承認される機会が少ない人が、年に数回、「ありがとう」と承認されると、それを長く記憶しているものです。普段認められないからこそ、思いがけず認められたことが強く印象に残るということです。

承認されることの少なさや、上司から声掛けをされる機会が減っていることなどに不満を漏らす30代も多いことがわかりました。

「自分に興味や関心を持ってくれていない」「若手を優先して自分のことはどうでもいいと思っている」といった上司への不満を漏らす人も目立っていました。

ただし、「承認」は空から降ってくるのを待つものではありません。自らが目的や目標を明言し、それを達成したときに「承認」を勝ち取るのだという姿勢が必要です。

実際に各社の活躍社員は、自らの行動目標を上司や周りのメンバーに公言していました。

目標がなければ達成されることはなく、達成しなければ承認されないということを、活躍社員は理解しているわけです。

承認されないことに不平不満を漏らしているだけでは何も始まりません。厳しい環境の中で承認されるためには、**どのように「達成の見せる化」をするのがいいか**を考えることが大切なのです。

40代の37%はテレワークで労働時間が増えた

新型コロナウイルスの感染拡大によって、2020年からはテレワークに取り組む企業が急増しました。東京都は、2021年9月時点で都内企業（従業員30人以上）のテレワーク実施率は63・9％と発表しました。

クロスリバーでは全国の約600社をランダム抽出して調査しました。「一部の部門だけでもテレワークに取り組んでいる」という条件でYESかNOかを聞いたところ、87％の企業がYESと答えました。

コロナ禍をきっかけに始めたテレワークは、当初は事業継続を目的としたものでした。以前から行っていたビジネスをコロナ禍でもこなせるように、テレワークでなんとか凌ごうとしたわけです。出勤する人と在宅勤務者とのローテーションを組むなどして、ビジネスを止めないように頑張りました。

多くのビジネスパーソンは、当初、テレワークは数カ月で終わるものと思っていたはずです。しかし、複数回にわたる緊急事態宣言とまん延防止等重点措置の施行によって、テレワークの目的は変わってきました。

それまでのような事業継続を目的としたテレワークを続けるのではなく、**「テレワークを採用したほうが生産性が上がるのではないか」**という観点から採用されるようになったのです。

とくに民間企業は、株主に対して毎年10～20％以上の成長を見せていなければなりません。テレワークを採用しても売上や利益が上がる仕組みを示していかなければ、株主に見放されてしまうのです。そのため、売上目標はこれまでどおり毎年上げていき、**テレワークとオフィスへの出勤を混在させた「ハイブリッド型」で、その実現を図ります。**

コロナ禍だからといって目標達成のプレッシャーがゆるくなるわけではないのです。

テレワーク、とくに在宅勤務では、通勤ラッシュから解放されて自由な服装で自由に仕事をする機会が増えました。しかし、その自由には責任が伴っています。仕事をこなして目標を達成していかなければなりません。

目の前にチームメンバーがいなければ、リーダーの監視の目も行き届かなくなります。細かい監視をしようとすれば、メンバーのコミュニケーションコストは上がり、精神的な負荷も高まっていきます。そこで、ある程度の裁量権をメンバーに渡し、リーダーはその進捗《しんちょく》を管理していくことになります。

そうなると、労働時間のチェックはおろそかになりがちです。

社員みんなが会社に出勤していたときは、夜8時に電気を消して全社員を帰宅させるような企業は多かったと思います。しかし、在宅勤務では強制的に仕事を終えさせることができないので、「隠れ残業」が発生してしまうのです。

2019年の労働基準法の改正によって、中堅中小企業も勤務表をしっかりと入力し、それを管理することが管理者および会社側に罰則付きで義務付けられました。現場のメンバーたちはクラウドサービスやスマホアプリを使って勤務時間を入力していますが、100%正直につけているわけではないことが調査でわかっています。

厚生労働省の調査では2020年の労働時間は、前年比3%の微減とされています。しかし匿名回答を条件に2万9125人に対してアンケートを取ったところ、**「テレワークのほうが労働時間が増えた」という人は29%もいました。延べ平均で労働時間が17%ほど増えていることもわかっています。**

とくに40代の労働時間が突出して伸びており、40代の37%はテレワークで労働時間が増えたと回答しています。40代でチームリーダーや管理職にある場合は、労働時間が20%近く増えていました。

中間管理職として経営幹部からの指示に実直に従い、慣れないテレワークに苦労しています。チームメンバーとのコミュニケーションや顧客とのオンライン接客など、戸惑ってしまう部分は多いのです。

テレワーク期間中に出勤することが多いのも40代でした。

幹部会議への参加のために出社したり、トラブル対応で出社している状況にあり、チームの定例会議をオンラインではなく集合型に戻す動きも散見されました。上からの指示に従って、以前からの働き方に戻してしまっているわけです。

会社側からのトップダウンと現場からの突き上げであるボトムアップに挟まれた40代は、何をどうしていいかわからず悩み、労働時間が増えていく傾向にあるようです。

20代30代の31%が転職を考え、転職した20代の43%が後悔

コロナ禍にあり、改めて「働くこと」について考えたビジネスパーソンが75%もいました。

これまでは、朝出社して夜遅く帰る中で、目の前の仕事をこなすことに迷わず時間を費やしていた人が多かったのだと思います。しかし、出社することが制限されると、そうではなくなってきます。

クライアント企業に勤める16万人に対して匿名回答アンケートを取ったところ、「働くことの定義が変わった」という人は67%もいました。「働くこと＝出勤すること」ではないのだと、多くの人が再認識したようです。

「働くこと＝出勤すること」ではなく、「働くこと＝仕事によって価値を提供すること」

だと考えるようになったビジネスパーソンが増えた事実は、もちろん歓迎すべきです。ここでいう価値の提供先が、個人や企業ではなく「社会」に向けられるようになってきているのも、良い傾向だと思います。会社に行くことが仕事ではないと気づいたビジネスパーソンの多くから、「自分の仕事を通じて社会にどう貢献できるのか」「大切な家族とずっと一緒に過ごすためには会社一途というわけにはいかないな」「行動抑制されたからこそ、人や社会とのつながりの大切さが認識できた」といった声が挙がってきたのです。

クロスリバーで毎年行っている「働きがい診断調査」でも、変化は確認されていました。コロナ禍前の2019年までは、ビジネスパーソンの多くが「承認」「達成」「自由」を感じたときに働きがいを得られる、と答えていました。しかし、**2020年および2021年に実施したアンケートでは、「承認」「達成」に加えて「貢献」や「社会」という言葉が出てくるようになったのです。**

「働くことによって社会に貢献し、困っている人を助ける」「社会を活性化させる」という意義に気づいた人が多かったのでしょう。そもそも「働く」という言葉の本来の意味は「傍《はた》を楽にすること」、つまり、傍《かたわ》らにいる人たちを助けてあげる、ということです。コロナ禍にあって働くことの意義を見出せたのであれば、今後のキャリア形成においてもプラスになるはずです。

コロナ禍による予想もしなかった変化によって、自分のキャリアの構築の仕方を考えた人も多かったようです。

20代30代の31%の社員が転職を検討したこともわかりました。

働き方改革に苦しむビジネスパーソンの多くは、残業削減だけでなく、自己選択権を自ら取りに行くことを目ざすようになってきた兆候です。

しかし、会社が変わったからといって、環境が劇的に改善し、成果を出せるようになるとは限りません。直近2年間で転職を経験した人たちを見ても、誰もが満足しているわけではないのがわかります。

とくに20代では「転職後に後悔した」と答える人が43%もいました。

アンケート対象の母数が少ないので信憑《しんぴょう》性の高いデータとはいえませんが、全世代の中でも20代が転職後に後悔する比率が高いことは間違いなさそうです。

内定式、そして入社式、その後の研修もオンラインで行われ、配属されても気軽に上司や先輩に声をかけることができない若手社員は多くいます。

初めて社会に出て、コミュニケーションがうまく取れないのは、とても苦しい状況です。孤立する20代は非常に多くなっているのです。とはいえ、コロナ禍にあえいでいるのは、ほぼすべての業種・業態なので、転職したからといって働きやすくなるとは限らないわけです。

働いた会社が1社しかない20代社員は、どうしても他の会社が良く見えてしまうものです。安易に転職することは推奨できません。私自身も3回の転職と2回の起業を経験していますが、良い環境を求めていればキリがないと思っています。

隣の芝生は青く見えるものです。仕事がうまくいかないときなどは現実逃避して、なおさら青く見えやすいものです。

パワハラを受けていたり、ブラック企業で過酷な労働環境にさらされていたりする人は、転職することでリスク回避ができることはあるでしょう。しかし、「より良い職場を求めたい」という漠然とした考え方で転職するのは得策ではありません。

在宅勤務を強制されたり、長時間労働を抑制されたりする状況は今後も続くはずです。そういう変化の中で「自分はどのような価値発揮ができるか」ということをまず考えるべきなのではないでしょうか。

今いる環境の中で自分がコントロールできる領域を見出して、その中で自ら行動実験を重ねて進化して、成果を出し続けることを目ざすべきです。

ＰＤＣＡ（Plan＝計画、Do＝行動、Check＝評価、Act＝改善）という改善サイクルがありますが、考え方として古いと私は思っています。多くの企業、とくに大企業では、Planに時間をかけすぎて、なかなかDoに移せない人が増えています。

お勧めしたいのは**「セルフＤＣＡ」**という考え方です。**Planをできる限り小さくし、まず自らが動いて、そして振り返って行動を改善していくという改善サイクルです。**

このセルフＤＣＡを取り入れてみることもそうですが、本書ではこれから「どのように行動実験をすればいいのか」「それによってどういう結果が導かれるか」を紹介していきます。その中では、組織というよりも「個人」として行うべき行動実験のほうが多くなっています。

この本を手に取ってくださった皆さんには、肩の力を抜いて「ちょっとした実験」という感覚でその実践を積み重ねてほしいと願います。その繰り返しによって、どこにいても価値発揮できる「活躍社員」に近づいていけるのです。

第2章

活躍社員のルールと一般社員のルールはどう違うのか？

報酬アップを目ざす一般社員、自己選択権の獲得を目ざす活躍社員

お金のために働き、自分の好きなものを買ったり家族を養うのも働きがいの1つです。報酬のために様々な苦難を乗り越えることができるので、報酬を上げることを目ざすのは決して間違ってはいません。しかし、**目先の報酬アップばかりを目ざしていれば大きなチャンスを逃すこともあります。**

私の会社クロスリバーでは、専業を禁止しており、副業しなければ入社できないようにしています。副業を強制することにより、社外での知見を蓄えて、社内に還元してもらいたいと期待しているためです。限られたエリアで学びを得るより、社外の広大なエリアのほうが学びを得られる可能性が高くなります。ですから、副業に反対しないだけではなく、こうした制度化をしているわけです。

正確にいえば、義務化しているのは副業ではなく「複業」（2つ以上の仕事を持つこと）です。目先の報酬アップを目ざしているだけの古い意識での副業、つまり、ただのアルバイトに近い仕事を持つことは推奨していません。

週末にクラウドワーカーとして資料の作成代行をしていたり、飲食店でのアルバイトをして体を酷使している人がいたとすれば、そのような行為は疑問視されます。

50年ほど前に日本で初めて導入された週休2日の考え方は、1日は休養し、1日は教養を高める目的で制定されたものでした。この貴重な2日間の週休を報酬目当ての労働に充《あ》ててしまうと、まったく休養がとれないことになります。土日に頑張って副業して、月曜日にヘトヘトになって本業をスタートするのは大きな負荷になります。20代のうちならまだ体力で乗り切れるかもしれません。それでも、本業にエネルギーを注ぐことができなくなるのは本来の趣旨と違うはずです。

そもそも、副業が禁止されている企業に勤めていながら隠れて副業するのは問題です。こっそりアルバイトをして報酬を得たとしても、年末調整や納税のときに会社に見つかりやすいという現実も知っておいたほうがいいでしょう。

若いときに収入を増やしたい気持ちはわかりますが、会社のルールを破ってまで行うべきではないのです。もし土日に時間的余裕があって、何かをするのであれば、自分のやりたいことを実現するためのスキルアップを意識するべきです。

各社の活躍社員にヒアリングすると、彼らが目ざしているのは目先の報酬ではなく、未

来に向けた「自己選択権の拡大」であることがわかります。

「will」＝自分がやりたいことと、「can」＝自分が能力的にできることを広げていけば、「must」＝会社が求めることにも応えやすくなります。それによって自己選択権を得ようと考えているのです。

「can」を増やすためには、手あたり次第に資格を取るよりも、「will」を明確にしたうえで地道に仕事のスキルを磨いていくべきです。本書の第4章で紹介する各種ビジネススキルも、その1つになるはずです。

人生100年時代に活力を持って働き続けるうえでは、大きな体力の浪費を避けたほうがいいのは当然です。私のように若い頃に働きすぎて精神疾患を患ってしまうと、取り返しのつかないことにもなりかねません。

自分のやりたいことが実現できる未来に向けて、目先の報酬を求めて労力を割くよりは、休息をとって体力を温存し、脳を十分に休ませながら、スキルを地道に磨いていくようにするべきです。そうしたほうが将来的に報酬は増えていきやすいものなのです。

ショートカットを目ざす一般社員、あえて遠回りする活躍社員

ＰＣやスマホで作業することが多くなり、その操作方法を簡易化するために様々な機能が生み出されました。代表的なものとしてキーボードショートカットキーがあります。ＰＣでアウトルックやパワーポイントを操作する際、マウスのボタンをクリックするのではなく、キーボードの特定のキーを押すことによって操作を簡易化するものです。

私もショートカットキーを使いながら執筆作業を進めています。その恩恵もあって、１年間で10冊の書籍を出版できた年もあります。

とはいえ、このショートカットキー一覧をすべて覚えるのは効率的ではありません。パワーポイントだけでも１００近くのショートカットがあります。これを全部覚えても、効率と効果が上がるわけではありません。そもそも使わない操作もあります。

ショートカットの方法を先に覚えて、それを実践しようと考える人は、残念ながら本質から外れていると言わざるを得ません。山の頂上を明確にし、それに到達するためのショートカットを目ざさなくてはいけないのに、頂上を決めずにショートカットだけを模

索するのは、むしろ遠回りといえるでしょう。

短い時間で成果を出す活躍社員は、まず目的と意義を明確にします。

目ざすべき姿と具体的な目標を先にじっくりと確定してから、山を登り始めるのです。目ざす山の頂上が間違っていたり、急いで立てた目的を達成してもそれが成果につながらなければ意味がないことをわかっているからです。

営業の成績を高めたいなら、パワーポイントのショートカットを学ぶよりも、顧客の目的や望みを可視化して、顧客の心を動かすためにはどうすればいいかをじっくり考える時間を取ったほうがいいのは当然です。

活躍社員はそのように最終的な成果と、そこに至る道筋を見極めることに時間を費やします。突然、ＰＣを立ち上げて作業することはありません。

・何を目ざすべきかの「What」を明確にする
・課題解決を考えるのであれば、なぜその課題が発生するのかという「Why」から掘り下げていく

そのように思考の質を高めたうえで作業に入れば、一見、遠回りに見えても、実際は最短距離で本質的な解決策に近づいていけるものなのです。

ショートカットすることそのものを目的にしたり、便利な操作を学ぶことを目的にしてしまうと、目ざすべき本来の目的を見失ってしまいます。意外にも多くの人がこの罠《わな》に陥っているものなのです。

目的を明確にして、そのうえで最適な手段を身につけるほうが、結果的に大きなショートカットに成功して、目標を達成しやすいのは確かです。まずそのことを理解しておいてください。

業務遂行能力を磨く一般社員、巻込力を磨く活躍社員

一人前の仕事をするためには、基本的なスキルを身につけ、先輩や上司からのサポートを受けなくてもタスクをこなせるようにならなければなりません。

とくに20代前半は、社会人になりたてで、ビジネスマナーや社内作法、ビジネス相手への対応などに不慣れなので、基本的な仕事の進め方をキャッチアップすることに必死になりがちです。それでも、基礎的なビジネススキルは身につけておかないと、自分で工夫し

て応用していくことができません。20代前半は最低限のビジネススキルを効率よく身につけていくようにすべきなのです。その際には、先輩に質問するなどしてもかまいません。ただし、すべてを先輩に聞くのではなく、まず自分でやってみてから、解決できない問題について先輩にアドバイスをもらうようにするのがいいでしょう。

20代で活躍社員と呼べるようになっている人たちを見ると、応用スキルよりも基礎スキルの習得に力を入れている人が7割以上になりました。

たとえば、エクセルの難しい数式を1つでも多く覚えようとするより先に、「エクセルではどのようなグラフや表を作成することができ、それがどのような効果や成果につながるのか」といった本質的な基礎スキルを身につけることに力を入れます。

どんな職業であっても、最終的に1人ですべての仕事をこなすことはできません。とくに様々な業種のクライアント企業と接している場合には、顧客のニーズが多様化していて、情報化社会が抱える課題やリスクが複雑化しているので、1人で問題を解決することは年々難しくなっているのです。

何十年もかけて特殊なオリジナルの能力を磨くことは大切です。ただし、それだけではなく、様々なスキルを身につけることによって、できるだけ短い時間でより多くのことができるようにしていくべきです。

20代後半から30代前半になって責任ある仕事を任せられるようになれば、ビジネスの基礎スキルだけでは仕事が回せなくなります。自分で考えて行動修正しながら、より大きな課題を早く解決することを期待されるからです。

言われたことだけをやる社員で許されるのは、20代前半までです。20代後半からは、自分で考えて行動することが求められます。そのような期待をかけられる中、単に自身の業務遂行能力だけを高めていくのは得策ではありません。

先輩や上司は「自ら考えて動き、創意工夫して仕事をこなすこと」を求めています。1人で仕事をするだけでなく、支援者を増やす、もしくはチームで課題解決に取り組む、という戦術が求められるようにもなってきます。

活躍社員は、実はこの点にすぐれています。

異なるバックグラウンドを持つ人たちと一緒に課題を解決していくためには、「巻込力」が必要となります。目ざすべき頂上(目標)を共有して、全員に腹落ちさせられたなら、最短距離で頂上に着けるように山登りを先導できます。苦しく険しい道のりにおいても、メンバーを鼓舞しながら、目的を見間違わないように心を1つにして頂上を目ざしていけるのです。

そのためには、相手の弱みを自分が補完していくだけでなく、時には自分の弱みを相手に補完してもらえるような協力関係を構築できていなければなりません。

活躍社員の場合は、人を巻き込んで仕事を進めていく考え方が無意識のうちに備わっています。目的達成が唯一絶対のゴールですので、そのための最適な手段としてチーム力を自然と重視しているのでしょう。

このマインドセットは、30代40代になると、重要度が増していきます。

20代前半であっても、業務処理能力だけを高めるのではなく、将来的には巻込力まで身につけることを意識しておき、コミュニケーション術を徐々に学んでいく姿勢を整えていく必要があるのです。

新たな挑戦に飛びつく一般社員、先にやめることを決める活躍社員

世の中の変化に対応していくためには、対応策のバリエーションを増やすことが必要です。

解決方法や働き方の選択肢が複数あれば、変化に対応しやすくなります。選択肢を増やすうえでは、過去の栄光にしがみつくことなく、新たな挑戦をし続ける姿勢も必要になります。

活躍社員の53%は「学んだことを手放す」と発言しています。

一度学んだことでも、時代とともに陳腐化していくことを理解していて、新たな知見を積み重ねていく姿勢を持っているのです。

小さな行動実験の積み重ねによって選択肢は増えていくので、これまで経験したことのない挑戦はどんどん行っていくべきです。

ただし、新たな挑戦をすること自体を目的にしてしまうと、労働時間を増やしたり睡眠時間を削ったりすることにもつながり、精神的に苦しくなります。自分の中にあるモチベーション、つまり内発的動機はワクワク感から生まれやすいので、新たな挑戦をしたことで苦しい思いをしてしまうと、その後は挑戦そのものをやめてしまいかねません。

モチベーションが高まったときに書店で大量の自己啓発本を購入しても、目の前に本が積まれていることがプレッシャーになるだけで、結局、読まないままになってしまう人はたくさんいます。鼻息を荒くして意気込みを高めるのはいいのですが、継続できなければ意味がないのです。

活躍社員の多くは、上手に新しい挑戦を続けます。やる気のあるなしにかかわらず、挑戦し続ける仕組みを持っています。

挑戦を続けるプロセスの中でも、「時間を生み出す」という考え方を持っているのが活躍社員です。

1日24時間という制限は誰も変えられないので、限られた時間の中で新たな挑戦をするためには、「やめること」をまず決めます。

今行っているルーティンワークの中から、重要度と緊急度が低いことを先に選んで、やめるのです。

やめることのデメリットはありますが、新たな挑戦を始めたことで負担が増え、睡眠時間を削って健康を損なうのは正しいやり方ではありません。

20代30代のうちは体力で解決しようとしてしまいがちですが、疲れているときややる気のないときでも行動を続けられるようにしておくべきです。**やめることを決めてから新しいものに手を出す習慣を身につけておかないと、長く活躍していくことはできません。**

活躍社員は明確な「評価軸」を持っているので、「やるべきこと」と「やめるべきこと」を一般社員よりも早く、そして多く、決められます。

やめることを決めて時間を生み出したら、その時間を使って、未来に必要なことに挑戦していきます。

私の人生を変えたともいえる愛読書の『エッセンシャル思考』（グレッグ・マキューン著、かんき出版）の中で説明されている**「トレードオフ」という考え方**を、活躍社員は持っているといえます。

インパクトのあることに力を入れて、やめるべきことをやめるスタンスです。

これを実行することにより多少のデメリットが発生しても、メリットのほうが大きいという考え方です。

小さなデメリットよりも大きなメリットを取っていくトレードオフの姿勢があれば、やる気や時間の有無にかかわらず、新たな挑戦を続けられます。

労 働時間削減を目ざす一般社員、時間を生み出すことを目ざす活躍社員

働き方改革の推進によって残業時間を抑制されているビジネスパーソンは多くいます。

長く元気に活力を持って働くためには、確かに労働時間はある程度、制限すべきです。しかし、多くのクライアント企業と接している私の経験からいえば、労働時間の削減が目的になっている働き方改革は、大抵、失敗します。

労働時間を短くしながらも、売上や利益は高めていかなくてはいけません。労働時間の削減という手段だけで立ち向かおうとすると、会社の成長の妨げになってしまいやすいからです。

ビジネスパーソン個人個人についても同様のことがいえます。

第1章でも説明したように、スキルアップのために残業したがっている20代30代のビジネスパーソンは74％もいます。しかしながら、残業したいと主張しても、労働時間削減の流れの中にある今の世の中では許されません。残業できないことに不平不満を言っても、状況は変えにくくなっているのです。

そのため、なんとか強引に仕事を終えて、オフィスの電気が消える前に会社を出ようとするビジネスパーソンも多くなっています。

時間内に仕事を終えられたなら、それはそれで達成感があると思います。しかし、それまでやっていた仕事を短い時間で終えられるようになったことだけに満足していては、将来的な成長はありません。

業務遂行能力を高めることはもちろん必要ですが、企業と個人が未来に向けて成長していくためには、時間の削減以上に「時間の再配置」が大切になります。**今まで費やした時間の中で、成果につながらないムダな業務は勇気を持って削って、それによって生み出された時間を未来に必要なことに再配置するのです。**

働く個人は、一人前の社会人になるためのスキルアップを望んでいるのですから、企業および個人にとって、未来にインパクトを残せるスキルアップのために時間を配置すべきです。

組織としては、成長し続けるための新たなビジネスモデルの構築や新規ビジネスの開発に注力し、売上と利益を作り出していかなければなりません。

繰り返しになりますが、単に労働時間の削減だけを目ざしているとうまくいきません。ムダな作業をやめるのは、あくまでも手段の1つです。未来に必要なスキルアップと新規事業開発のために時間を生み出す、という考えを持つようにすべきです。

一般社員は労働時間を削減するだけで達成感を得るものですが、活躍社員は生み出された時間を未来に投資したときに達成感を得ます。

その差がどれだけの違いになっていくかは、活躍社員がもたらす成果の大きさを見てみれば明らかです。

レ
レポートを作る前にググる一般社員、レポート案の作成後にググる活躍社員

効率的にレポートを仕上げるためには、事前の情報収集が重要な意味を持ちます。図書館に出向いて書物を読みあさったり、書店に行って専門書を買いまくったりすることも効果はあるのでしょうが、効率が良いとはいえません。

多くの一般社員は、インターネット検索サービスのGoogleを多用します。インターネット上に点在した情報を探すときにGoogleを使うのは、当たり前の方法論のようになっています。

人に聞くならまずはGoogleで検索してからにすべきだという考え方があるために、「ググレカス」というスラングまでが生まれました。字面どおり「質問する前にまずググれ(Google検索しろ)、カス野郎」という意味です。下品な表現ながら、Googleの検索サービスがいかに情報収集にすぐれているかが示されています。

だからといってGoogleも魔法の杖《つえ》ではありません。無料で情報検索ができると勘違いしている人は多いのでしょうが、そうではありません。検索を行えば、その検索履歴を

Googleに情報として提供することになります。Googleアカウントでログインしていれば、使用者の属性も情報提供されるので、検索履歴を起点として、興味・関心といった価値観までをGoogleに吸い上げられているのです。

そしてGoogleは、検索履歴をもとに広告主にリスティング広告などを出稿させることをコアビジネスとしています。

検索結果が恣意《しい》的に並べ替えられているということも理解しておくべきです。リスティング広告は、より多くの広告料を払った広告主のサイトが上位に並ぶようになっています。それだけではなく恣意的に検索結果を変えて、購買行動につなげようとするケースもあります。

こうした特性を理解しておかないと、ビジネスで間違った使い方をしてしまいます。**レポートを作る際にも、Googleで検索した結果に頼りすぎるのはマイナスでリスキーな行為です。**

インターネットさえあれば、誰もがGoogle検索にアプローチできるのですから、検索結果も容易に入手できます。しかし、検索結果をレポートに並べても情報の希少価値はありません。そこに書かれている情報がGoogle検索によって入手したものだとも察知されやすいのです。

Google検索に頼るビジネスパーソンは多いので、人と似通ったレポートになりやすく、価値あるものにはなりにくいのです。そればかりか、「こんなレポートはGoogle検索のコピペに過ぎない」と、あっさりダメ出しされてしまってもおかしくありません。

もちろん、探す時間やまとめる時間を短縮できる点ではGoogle検索が役立つ面もあります。しかし、**ビジネスはギャップから生み出されるものなので、誰でも簡単に手に入れられる情報に価値はありません。**Google検索の結果をただ並べても、単なるインフォメーション（情報伝達）にしかなりません。その情報から未来を予測するなど、発展性のある要素を入れておかなければ、無価値なレポートになってしまいます。

活躍社員はインフォメーションではなく「インサイト（洞察、本質）」をレポートします。集めた情報の中から法則性を見出すなど、独自の洞察をして、その部分をビジネスレポートに入れるのです。

ただのインフォメーションは未来につながらない「点」ですが、複数の点を結びつけることで「線」にすることができます。それがインサイトになります。

インサイトを導き出すのは個々の能力であり、ビジネスレポートでは能力の結晶が求められるのです。

さらに言えば、**成果を出し続ける活躍社員は、インサイトを入れることにとどまらず「インテリジェンス(理知)」を入れます。**

インフォメーションの点と点を結んでインサイトにしたら、そのインサイトが今後どのように進んでいくかという将来予測をビジネスレポートに入れるのです。収集した情報を加工、編集して導き出した将来予測こそがインテリジェンスです。

活躍社員はインサイトとインテリジェンスをレポートに入れることを目的にしているので、自ら仮説を作ってから、その裏付けをとるためにGoogleで検索します。仮説の論拠が正しいかどうかを確認したり、自分が考える方式や法則が何かの理論として裏付けされていないかを検索したりするのです。

現在から未来へのギャップ。そして相手が知らないことを知ってもらうためのギャップ。この2つのギャップを埋めることがレポートで求められているのです。

こうした本質的な目的を理解している活躍社員は、Googleで答えを探すようなことは決してしません。遠回りなやり方に見えても、ギャップを埋める本質的な解を得るためには、それが最も効率的であることを理解しているのです。

運を実力と勘違いする一般社員、運を引き寄せる活躍社員

大型プロジェクトが無事に完結したり、決算処理が完了するなど、何かをうまく終えられた後にそれを振り返り、メカニズムを見出そうとする人はそれほど多くはないようです。すぐれた結果が出たときには嬉しくなるものなので、舞い上がってしまう人が多いのはわかります。しかし、一時的な結果を出すことではなく、結果を出し続けることを目的にしている活躍社員は決してそうはなりません。

失敗しても成功しても必ず「振り返り」を行い、その原因やプロセスを分析し、次の成果へつなげようとするのです。大きな成功を収めたときこそ、振り返りを忘れないのは、活躍社員の特徴といえます。

皆さんの周りには、過去の栄光をいつまでも自慢しているような人も見られるのではないでしょうか。

大きな成果を出せたこと自体は素晴らしくても、それをいつまでも引きずっているのだとすれば、その後に目立った成果を出せていない証拠です。

成果を出し続ける活躍社員は、安易に一喜一憂はしません。成功するのは珍しいことではないので、周りに自慢するようなこともないのです。

成果を出すことが当たり前だと思っている活躍社員は、成果を実際よりも大きく見せようとすることもありません。現状でうまくいっていなかったり、自分に自信がない人こそ、過去の成果を大きく見せようとする傾向にあるのです。

自慢することで周囲の人をマウンティングして、相対的な優位を得ようとする人もいますが、そうした行為にプラスはありません。成功し続けるためには成果を冷静に見つめ、謙虚に学んでいく姿勢を持っておくべきです。

成功しても失敗しても必ず学びがあります。その学びをうまく活かしてこそ、次の成功確率を高められます。振り返りの習慣を持ち、成果につなげている活躍社員はきわめて謙虚であり、自分で勝ち取った成果でも自分の実力と勘違いすることもありません。

実力と運との見極めはとても重要です。

運良く成果を残すことは誰にでもありますが、運の要素があったことを無視してしまうと、自分の能力を見誤ります。

たとえば、大型の案件を受注して成果をあげた際にも「自分の実力は30％で、周囲のサポートやタイミングなどの運によるものが70％だった」というような冷静な判断が行えないと、次の成功に向けて何を反省して、どのような力を身につけていくべきかを考えることができなくなります。

成果を残したときこそあえて振り返りを行い、成功の要因を見つける習慣を持っておくようにすれば、次にも成果を出せる確率はぐっと高くなります。

そういう意識があるかないかということが差になり、その違いを知らないままでいては差が広がっていく一方になるものなのです。

第3章

活躍社員の行動習慣を一般社員が真似してみた

——再現実験の仕組み

活躍社員の再現実験（エンパワーメント・チャレンジ）

第2章では、活躍社員と一般社員の仕事に対する姿勢や向き合い方の違いを見てきました。両者のあいだには、一つひとつの仕事に向き合う際の思考プロセスや工夫に、異なる点が見られていました。それらが積み重なっていくことにより、1カ月、1年という時間が経過したときに大きな違いとなってあらわれてくるのです。

そこで私たちクロスリバーは、活躍社員の行動習慣を一般社員に展開させる「エンパワーメント・チャレンジ」を複数の企業を対象として行ってきました。活躍社員と同じような成果を出すために、他の社員の行動を変えるプログラムです。**活躍社員の共通点、および特異点を、一般的な社員に真似させる、再現実験**だともいえます。

実験では失敗も多かったのは事実です。しかし、失敗を失敗のままでは終わらせず、失敗の発生原因を掘り下げていくことで、次の再現実験に活かせるようにしていきました。失敗が多い中でも再現実験の継続を許可してくださった各企業の担当者には、深く感謝いたします。

4年以上にわたって、このエンパワーメント・チャレンジを続けてきましたが、こうした実験への協力を続けてくれた企業は、社員育成の意識が高く、長期的な視野で戦略を考えることができるのだろうということを痛感しました。結果的には、失敗を重ねながらも、予想していた以上の成果をあげられたと思っています。

第3章では、どのような実験を行い、どのような苦労があったのかをまとめてみました。読者の皆さんには、第4章で紹介する具体的な行動を実際に試してみる前に、再現実験の仕組みの部分を理解してもらえたらと思います。

個人の感性に近いことは再現できない

活躍社員はそもそも能力が高く、会話術や業務処理能力において他を圧倒していました。成果が出ていることに対して驕《おご》ることもありません。成果を出し続けている活躍社員の調査をするにつれ、私自身が強く刺激を受けたものです。

活躍社員の特徴を調査するうえで難しかったのは、彼らは無意識に自然とやっていることが多く、言葉にまとめにくかった点です。彼らが経験の積み重ねによって自然とやっていたことについては、彼ら自身が言語化することができなかったのです。

また、能力の高い活躍社員は、成果が出ていない人がどうして失敗するのかもわかっていないようでした。彼らにすれば、自分たちが普通にやっていることを「(一般社員が)なぜしないのか」も理解できないからです。

たとえば活躍社員は、一般社員よりも4倍以上も内省しています。1週間もしくは2週間に1回、過去のスケジュール表や仕事の成果を振り返り、次の行動に活かそうとします。意識して習慣化しているのではなく、自然とそういった振り返りの習慣を身につけている人が多いのです。

そういう活躍社員にとっては、仕事や成果の振り返りをしない人がいることのほうが不思議だったようです。

「なぜ内省しない人がいるのか?」と、逆に聞いてくるくらいでした。

それほど無意識でやっていることに関しては、明確な言葉にされることがなかったので、分析することが難しかったのは確かです。しかし、**そうして活躍社員が当たり前だと感じている部分にこそ、一般社員が見習うべき重要な姿勢が潜んでいるようにも思うのです。**

いわゆる勘によって行動を決める点も、パターン化することはできませんでした。

たとえば、5年連続で営業成績トップのセールスパーソンが顧客と対応するときには、最初の数分で相手が買うか買わないかを判断していることがわかりました。

相手の動作や口調や口から発したキーワードで、真剣に購入を検討しているのか、それとも冷やかしで来ているのかを判断していたのです。しかし、この判断がどういう評価軸で行われているのかをパターン化するのは難しく、データ化することはできませんでした。

また、とっさの判断で行っていることについてもデータ収集できませんでした。たとえば、瞬時に決断を求められるようなことは、脳を通らず反射神経で行われているため、脳科学の研究結果や脳で分泌されるホルモンの影響などと関連付けられません。無意識にやっていることは、言葉で表現しにくいため、勘や瞬時の判断などはパターン化することができないのです。

したがって、このように感性によって成果を出している部分は、今回のエンパワーメント・チャレンジでは対象外とすることにしました。

時間に関するルールは再現しやすい

活躍社員の行動習慣や成果について、「数字」で表現できるものは、比較的、他の人にも展開しやすかったといえます。

とくに時間に関わる行動については、再現性が高いものになりました。

理由は2つあります。

1つ目は、時間であれば測定できることです。行動パターンを「見える化」して、それが測定できればAIでの分析も可能になります。時間について定量的な測定ができれば、活躍社員の行動パターンをモデル化して、一般社員との相違点や活躍社員の中での共通点を見つけ出すことも容易になります。

2つ目の理由は、数字で指示ができることです。たとえば、「会議で雑談をしてください」と言っても、実際に動く人はわずか12%でした。しかし、「週に1回だけ会議の冒頭2分間は雑談をしてください」というように具体的な数字を交えて指示ができれば、78%の人が実行してくれました。

とくに1分や2分というような小さな数字を出したときには行動ハードルが下がるので、実際に挑戦してくれる確率は高まります。

そもそも、このプログラムに参加したのは、多少なりとも自分を変えたいという意欲がある人たちだったので、行動ハードルを上げすぎないようにして、意欲が高いうちに行動してもらうことが大切でした。

より短い時間でより大きな成果をあげるというのが目標です。

時間という尺度を入れて具体的な数字を指示すれば行動を誘発しやすく、達成感を味わいやすくなるのです。

心構えは条件によって再現しやすい

行動実験の中には、なかば強制的な指示のもとに行動を促すものもありました。しかしながら、こうした指示による行動変革は長続きしません。

一方的な指示があった場合は「外発的動機」になります。やらないと怖いとか、やったらご褒美がもらえるといった、外部からの恐怖と報酬によって行動をさせるのに似ているわけです。一時的なことならそうした動かし方も有効ですが、なかなか成果が出なかったり他の仕事が忙しくなったりしてくると、外発的動機では効力が弱まります。

一方で、興味・関心のあることを試みたいという「内発的動機」によるものは、行動実験を長く行うことができました。行動実験をしていること自体にもワクワクしてテンションが高まるので、すぐに結果が出なくても、比較的長く行動実験を続けてくれたのです。

しかし、内発的動機を常に引き出せるかというと、そう簡単ではありません。4年間に17万人と接したことにより、**内発的動機は外部環境によって大きな影響を受ける**ということとがよくわかりました。

たとえば、在宅勤務の際、1人で静かに作業を行えば集中しやすくても、子供がいる家庭ではそうはいきません。また、怖い上司のもとで働いている人と、上司となんでも話せる関係を持っている人では、環境がまったく異なります。こうした周囲の人との関わりや働く環境は、内発的動機に強く影響を与えていたのです。

モチベーションを長く維持するという点では、睡眠時間も影響していることがわかっています。たとえば、1日6時間以上の十分な睡眠をとっている人と、トラブル対応で徹夜明けの人とでは、取り組んだ行動実験の結果が変わってくるのも当然です。実験参加者の睡眠時間をすべて統一することはできないので、事前に健康状態を確認するようにしました。長期休暇明けや夜勤明けといった特殊な状況にある人は除くようにしたのです。体調が悪く、実験が続けられない場合は、途中離脱も可能としました。

その他でも、条件の部分はできるだけ統一するように心がけました。たとえば、作業効率を高める実験は午前中に集中して行ったり、会議に関する実験は午後を中心にするなどして、可能な限り労働環境や健康状態を整えるようにしたのです。それでも完全に環境要因の影響を抑えることはできませんでした。労働環境に影響を受ける集中した作業や、健康状態に影響を受ける長時間の社内会議などについては、実験の対象外とせざるを得なかったのです。

各企業や個人個人で環境が異なる状況であれば、成功例をそのまま持ってきても、成功する確率は低くなります。変数が多ければ多いほど、そういう結果になります。

たとえば、活躍社員が取り仕切る社内会議には、前半で意思決定をして、後半にブレインストーミングをするような傾向が見られました。こうしたやり方をそのまま他社に当てはめようとしても、うまくいくとは限りません。業種・業態が違ったり、参加者の年齢構成が異なったりすれば、同じ成果をあげることはできないものだからです。

失敗確率を下げる戦術がうまくいく

一方で、活躍社員が避けている失敗例を、「同じ失敗をしないようにする」という観点から水平展開するのは効果的でした。

たとえば、延べ9000時間の社内会議を記録したことにより、アジェンダ（会議の議題や協議事項）が事前に発表されていない会議の67％は成果が出ておらず、事後のアンケートで会議出席者の52％が不満を感じていることがわかりました。

このデータをもとにすると、「アジェンダは必ず事前に用意して共有しておくべき」というルールを作れます。このルールの設定によって会議参加者の満足度を向上させることは、実際にできました。

このように、**失敗例から学びを得て、失敗確率を下げていくのは効果的です。**

そもそも活躍社員は失敗を成功のための学びの場と捉えているので、「何もしないことにメリットはない」と考えています。新しいことへの挑戦に際して、情報を丹念に集め、計画を練って失敗のリスクを最小化する努力をしていても、失敗は起こります。そんな失敗を嘆いているだけでは学びにはなりません。

活躍社員は失敗の原因を探し、どうすればよかったのかを振り返ることで、次の挑戦での失敗のリスクを減らしていたのです。

新たな挑戦をすることのメリットとデメリットをどのように捉えているかを活躍社員にヒアリングしたところ、**「失敗を成功へのステップと捉えるならデメリットにはなり得ない」**という回答が多数、得られました。

変化が激しく環境変数が多いときは、成功事例を鵜《う》呑《の》みにして横展開するのではなく、失敗事例の発生原因を突き詰めて、そうならないように逆にルール化することで、成果を出していくのが正しいのだと確認できました。

行動を起こしてから修正するとうまくいく

2300回を超える行動実験を通じて明確になったのは、「常に成功することを目ざして実験を行うと、うまくいかない」という事実です。

短期的な成功を目ざしてしまうと、そもそも実験に参加する人が極端に減ります。また、成功を目ざして失敗を避けようとすると、積極的な行動を制限してしまいます。もともと実験に懐疑的な反対派にしても、失敗原因を探して、やるべきではない理由を考えて参加しなくなるのです。

行動実験は、「デザイン思考」という事業創発の手法にあるプロトタイピングと同じ性質を持ちます。試作品を作って、まず試しに使ってもらい、ユーザーの要望をもとに修正することで、徐々に完成品に近づけていくのがプロトタイピングです。

行動実験も、最初から成功を目ざすのではなくて、実験すること自体を目的として、必ずチェックポイントを設けて修正点を見出すようにしていけば、次の行動実験で成功に近づくことができます。

また、実験自体を目的にすれば、精神的なハードルが下がるので参加者も増えます。

第4章で挙げる最短仕事術の各項目についても、「まず実験」という考え方で取り組んでもらうのがいいと思います。

やらない理由を考え出す前に、簡単な実験から始めてしまうのがポイントです。人の意識を変えるには5年も10年もかかりますが、行動はすぐにでも変えられます。

行動を変えているうちに意識も変わっていたというパターンを目ざすのが、働き方改革の王道です。

そして、チェックポイントを設けたときには必ず、**「ダメだったらやめる」という選択肢**を設けておくことが大切です。

やめるという選択肢が事前に用意されていれば、気軽に挑戦できます。「うまくいかなければやめる」というルールがあれば、実験への反対派を説き伏せることも容易になるのです。

行動実験を積み重ねて、振り返りによって失敗の根本原因が見えてくれば、本質的な解決策を見出すことができるのです。

「成功の定義」と「期限」を決めてから行動実験する

働き方改革やコロナ禍によるテレワークへの移行など、時代の潮流に合わせて行動を変えようとするビジネスパーソンが多いのは事実です。

他の企業はやっているから、自分たちの会社でもやらなければいけない。このように思うビジネスパーソンが多く存在します。

しかしこれは、外発的な動機付けであり、長く続くものではありません。

行動を変えて成果を最大化していくことは、一朝一夕にはできないので、様々な行動実験を継続し、積み重ねていく必要があります。

業務命令によって社員の行動を強制的に変えることはできても、長続きしないで元に戻ってしまう。そんな失敗例は多数発生しました。

一方で、この行動実験を行う意義と目的をまず理解してもらい、成功の定義を決めておいて、実験の期限を設けるようにすれば成功率が上がるということも判明しました。

行動実験を続けるためには、なぜやらなければいけないのかという「Why」を先にしっかり形成しておき、合意を得ることが重要になるのです。

社員個人として何を目ざしてやるべきなのかという「What」、つまり定義を明確にしておかなければ、実験に参加する人は増えません。「実験することによって学びを得ることが成功である」という定義を設ければ、心から賛同する人が増え、結果的に、その後の行動をどう変えるかという「How」の部分にも参画し続けてくれるのです。

期限を設けることも大切です。いつまでもダラダラやってしまうと、惰性で行動実験することが目的になってしまいます。行動実験は連続性が大切なので、いかに途中でやめないようにするかがポイントです。ですから、一つひとつの小さな行動実験には細かい期限を設けておいて、振り返りながら行動修正するか、もしくは新たな行動実験をするかは参加者自身に決めてもらうやり方で進めていきました。

行動実験の期限を設けることで締め切り効果も生まれました。期限が近づくと、なんとか終わらせようと頑張って効率が高まるのです。夏休みの宿題は最終日に効率が高くなるのと同じです。締め切りを意識すると、ノルアドレナリンというホルモンが分泌され、やる気と学習能力が高まり、その影響で効率が上がることもあります。

成功の定義を全員で共有して、腹落ち感を得てもらうこと。そして、期限を持って進めていかなければうまくいかない。

これらの法則が一連の実験によって、はっきりしました。

第4章

再現できた！
50の最短仕事術

活躍社員倍増計画（エンパワーメント・チャレンジ）から導いた50の行動ルール

ここからは、実際にエンパワーメント・チャレンジを行い、成果が出た50のルールについて具体的に説明していきます。

行動実験の成果を具体的にお伝えしていきますので、読者の皆さんに具体的なスキルアップを目的に読んでもらうこともできますし、企業やチームのメンバーが「最短距離の仕事術」を身につけるための実験を行う方法論として読んでもらうこともできます。

第1章から第3章まででは、なぜやらなければいけないのか「Why」と、何を目ざすべきか「What」をはっきりさせてきたので、皆さんのモチベーションは高まってきているのではないかと思います。

モチベーションを生み出す内発的動機が、個々人の行動実験を成功に導きます。

内発的動機は上から強制的にやらされる外発的動機とは異なります。自分の興味・関心やワクワク感から生まれるものなのです。意義や目的がわかっていれば、暗闇の中でさまようことなく、興味がわいて自発的に動くことができます。

また、**内発的動機付けは行動を継続させる**、ということがわかっています。

「これをやりなさい」という一方的な指示を受けるのではなく「選択肢の中から自分で選

図表1　マズローの欲求5段階説

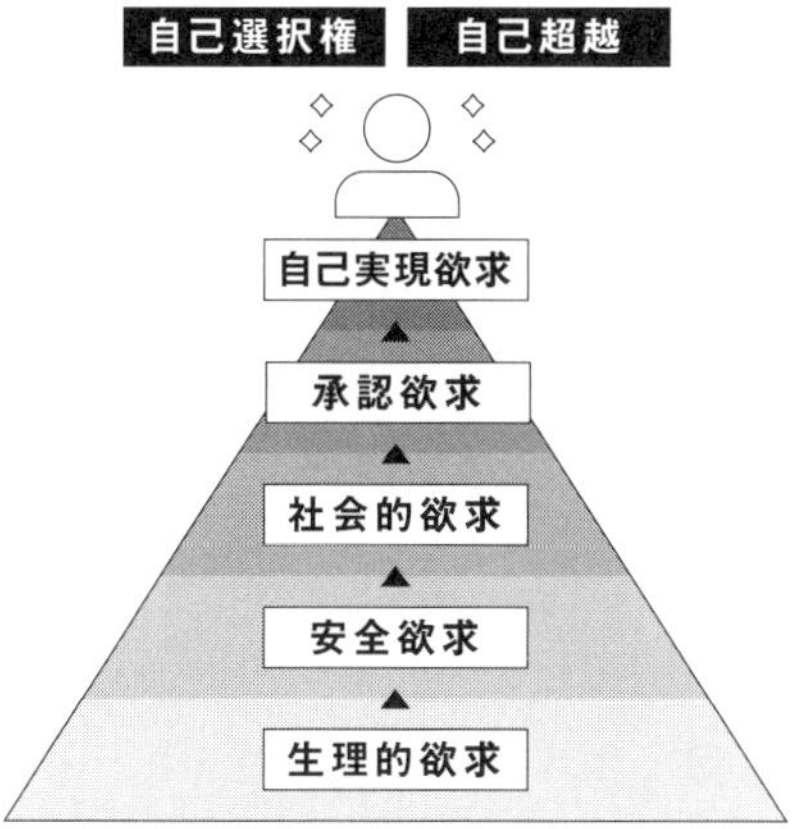

ぶ」ことが、意味ある第一歩になります。もし、社員に実験をさせたい責任者であるなら、「何を選びますか?」と選択権を提示することが重要です。

自己選択権を持って実際にやってみたら意外とできたようなときには、「自己超越」を導きやすくなります。自己超越とは、アメリカの心理学者アブラハム・マズローが示した有名な「5段階の欲求」のさらに上位にあるとされる高次な欲求です。自我意識が消え、他人の目を気にせず、純粋に目的を遂行しようとする心理状態です。

自己超越が少しでも感じられたなら、自己肯定感もアップするので、おのずと行動実験を継続し、スキルを獲得していきます。

組織で行動実験をする場合、次に必要となるのは評価を明確にすることです。

行動実験に参加してもしなくても評価が変わらないのであれば、多くの人は能動的には参加しません。また、失敗すると評価が下がってしまうのであれば、失敗リスクを避けようとするものです。

評価制度は外発的動機になるので、継続させるためには有効なものとはいえません。しかし、行動を起こすきっかけにはできます。行動実験に参加することが **「加点評価」** になる制度にすれば、そのことが社員の背中を押してくれます。

クロスリバーはこれまで800社以上の働き方改革を支援してきましたが、構成されるプロジェクトメンバーは千差万別でした。能動的に動く人や強制的にやらされる人。抵抗勢力を強引に巻き込んで参加メンバーに加えたり、入社したばかりの新人をプロジェクトメンバーにするケースもありました。

そうした中にあり、プロジェクトを成功に導くことに役立ったのが「会社のための働き方改革を推進するプロジェクトメンバーには加点評価する」というルールです。

本業に加えて作業を行うのでは負担が生まれます。労働時間を長くしないためには、努力して本来の業務を圧縮しなければなりません。そうした点に関して評価してあげなければ、なかなか行動を一歩先に進めることはできないものです。

行動実験をするときにはぜひ加点評価にして、行動を起こしやすいように背中を押してあげてください。

エンパワーメント・チャレンジを始める際の最後のポイントは、一人ひとりにやらせるのではなく**「チームで実行すること」**です。

最終的には1人ずつが自走するのが理想です。しかし、初めは右も左もわからない状態で進めていくことになるので、不安や迷いが生じます。1人ではなくチームで一緒にやることで、対人交流が持て、触発効果が期待できます。

他の人がやっているなら自分もやらなければいけないと考え、他の人が成果を出せば自分も成果を出したいという気持ちになるのは自然な流れです。

イギリスで行われた「ノミとコップの実験」があります。

ノミは人間と違い、自分の体長の数十倍もジャンプすることができます。そのノミをコップの中に入れてみると、コップを越えてやはり体長の数十倍もジャンプをします。しかしそのコップに蓋をして、一定期間、ジャンプができる範囲を限定してから蓋を取ると、コップの中のノミは、蓋があったときと同じで、コップの高さまでしかジャンプしません。蓋が取れたにもかかわらず、そこまでしかジャンプできないと思い込んでいるため、元のように高いジャンプができなくなっているのです。

自分の能力に勝手に限界を設けてしまうと、それ以上のチャレンジをしなくなることがわかる結果です。

この行動実験には続きがあり、ジャンプ力を元に戻す方法がありました。

それが**触発の効果**です。

体長の数十倍もジャンプするノミを、通常のジャンプができなくなったノミがいるコップの中に入れると、2匹のノミは一緒になって体長の数十倍もジャンプするようになったのです。普通にジャンプができるノミを見て刺激を受け、自分もそこまでジャンプできるのではないかと信じてジャンプすると、元のジャンプ力に戻るということです。

個人でも組織でも、行動実験を行ううえでは2つの大原則があります。

1つは**「絶対肯定の原則」**です。新たなことを始めるときにはデメリットが伴います。しかし、リスクをゼロにしようとして、デメリットのあるものを拒んでいたら、成長はできません。デメリットよりもメリットが大きいのであればチャレンジしていく。そういう姿勢でいなければ進化はできないものなのです。

成功を目ざして実験をするのではなく、「実験を積み重ねて学びを得ることを目的」に

していれば否定はされません。

この絶対肯定の原則は、経営陣や管理職、そして現場のメンバーがしっかりと意識しておく必要があります。

2つ目の原則は**「1つずつ実行していくこと」**です。

会議のあり方を見直しながら資料の作成方法も変える、というように同時に複数のことを改善していこうとするのではなく、1つずつ改善に取り組んでいくようにします。

どのルールを実践してみるかをまず1つ選び、それを48時間以内に始めるようにしました。

複数のチャレンジを提示すると、行動をスタートするのが遅くなってしまいます。また、途中で実験が複雑になってくると、行動をやめてしまう可能性も高まります。

何か1つを選んで48時間以内にチャレンジするルールであれば、精神的なハードルは下がります。「1つぐらいならできる」という気持ちがあれば、取りかかりも早くなるのです。

「意識変革をあきらめて、行動変革した後に意識を変える」という大前提のもとで行うのがエンパワーメント・チャレンジなので、ここに挙げた2つの大原則についてはしっかりと守ってもらう必要があります。

取り組むべき7つの領域

17万人に対して行った調査を紐解《ひもと》いてみると、**最も多くの労働時間を費やしているのが「社内会議」と「資料作成」**であることがわかりました。

また、活躍社員へのアンケートからは、**成果に直結しやすいのが「円滑なコミュニケーション」と「ＩＴの使いこなし」**であることも判明しています。

これらをカバーする7領域で行動実験を行い、再現性が高かったものを「50の行動ルール」としてまとめました。

知って終わりにするのではなく、「明日からどれを試そうか」というスタンスで読み進めていくようにしてください。

図表2　　行動実験「社内会議」の判定指標

1. 時間厳守（時間どおり始まり、時間内に終わったか）
2. 達成度（アジェンダどおりに、すべてをこなすことができたか）
3. 満足度（会議後の主催者および参加者の満足度）
4. 発言者数
5. 発言数
6. 決定数
7. 会議中に他の仕事（内職）をしている比率
8. 出されたアイデアの数
9. 会議終了90分後に最も記憶に残っていた言葉やパート
10. 参加者および主催者、ファシリテーターの表情、感情指数

クロスリバーでは、2017年から2021年までに約17万人の働き方を分析し、どのようなタスクに時間を費やしているかを調査しました。それにより、社内会議のために43%もの時間を費やしていることがわかりました。これだけの時間の中に、成果につながらないムダ、贅肉《ぜいにく》が潜んでいることを前提として〝ダイエット〟を進めていきます。

クロスリバーで221社を調査したところ、75%の企業は「うちの会議はうまくいっていない」と回答しています。

社内会議の行動実験を行ううえで、図表2に挙げた定量的なデータを可視化して測定しました。

各社の活躍社員がどのように会議を仕切り、どのような成果を残したのか。そして、活躍社員とはいえない一般社員はどのような行動をしていたのか。

その差分を明確にして、活躍社員の特異性を明確にしていきます。

これをAIで分析し、活躍社員が行う「成功会議モデル」を作りました。

行動実験モデルを水平展開できるかを実験して、成果が出たものを紹介します。

1 「やめる会議」をあぶり出す〝24時間前アジェンダ共有〟

そもそも、稼働時間の43％もの時間が費やされているという会議は本当に必要なものなのでしょうか？

匿名回答のアンケート調査でわかったのは、「会議を開くことが目的のようになっていて、アウトプットが出ていない会が多い」という事実です。実際に61％の会議では、事前にアジェンダが設定されていなかったのです。それでは何を目的にした会議なのかもわかりません。

「この会議は開催する必要があるのか？」と疑うことから始め、やめる会議を決めることが重要です。

どこかで立ち止まって考えなければ、過去の悪《あ》しき慣習をいつまでも引きずることになってしまいます。

一堂に会して椅子に座ることが目的になっているような会議は、とにかく禁止することです。「ムダな会議はこれです」とはなかなか特定しにくいので、事前に目的が決まっていない会議の開催から禁止していくようにします。

25社について9000時間以上の会議を調査した結果、**「目標を達成して成果が出た会議は、①目的が明確に決まっていて、②アジェンダが事前に共有されており、③必要な人が参加している」という3要素が揃《そろ》っている**ことが確認できました。

3要素すべてが揃った会議の成功確率は78%なのに、3要素のどれか1つでも欠ければ、会議の成功確率は40%以下にまで落ちてしまうこともわかりました。

この調査結果だけを見ても、事前の基本設計がいかに重要かがわかるはずです。

3要素が揃っていなければ参加者の時間をいくら費やしても成果が出にくいわけなので、そういう会議は「開催禁止」の対象とすべきです。

成功した会議の特徴と活躍社員の準備方法をもとにして、**「アジェンダが24時間前までに共有されていない会議は開催を禁止」**というルールを作りました。これを**A24Bルール**

（Agenda 24 hours Before the meeting）と名付けて25社で行動実験しました。

このルールが記載されたポスターを会議室に掲示したり、オンライン会議の背景に掲げたりして浸透を試みました。

アジェンダとは、会議で決めるべき項目、検討すべき項目のことですが、それが設定されていない会議を行うということは、目標を決めずに船で乗り出すのと同じです。時間と体力を浪費するばかりになります。

当初は、主催者の負担が増えるとして反対する人も多く、このA24Bルールを守らない会議は30％ほどありました。しかし、2カ月試行したところ、参加者の満足度は高くなり、会議時間は8％減りました。

アジェンダで明確にした会議の目的は75％の確率で達成できていたので、量（時間）を減らして質（成果）を高めることができたのです。

出勤とテレワークが混在する「ハイブリッドワーク」になっている場合は、会話や対話の機会を作ること自体を目的にするのもいいとは思います。それでもやはり、社内会議は本来、「短い時間でより多くの事項を決定する」ようにすべきです。その目標を達成するためには、まずアジェンダが共有されている必要があるのです。

2 会議の種別を整理して量と質を改善

A24Bルールの浸透に成功した25社では、会議の目的を明確にする実験も行いました。会議の目的を3種類に分けて、参加者に事前通知する仕組みを作ったのです。3種類とは「①意思決定、②情報共有、③ブレスト（ブレインストーミング）」です。

社内会議の主催者は、会議の趣旨、もしくは個別のアジェンダが①～③のうちどれにあたるのかを記載して、会議の招集メールのタイトルに明示することを義務付けました。すべての社内会議をこのように設定すると行動ハードルが上がるので、「週に1回の定例会議はこのルールを設定してください」という実験を1カ月行いました。

最初に起きた変化が、会議数が減り、1回あたりの会議時間が短くなったことです。**主催者は達成すべき目的を考えてから会議に臨むので、討議すべき項目がなければ会議をなくす、もしくは会議時間を減らす、という行動が見られました。**

その結果、会議時間は12％減少しました。1カ月で12％ですから、継続すれば、さらに減少していくはずです。

この実験を行う以前、ある大手流通会社では、アジェンダが決まっていない情報共有のための会議や業務連絡だけの会議が41％を占めていました。そこで「開催の24時間前までに参加者に議題を送る」というルールを徹底したところ、全体の会議時間は18％減り、残業も少なくなる変化が起きました。

会議時間が減っただけでなく、会議の質も改善されました。

3種類の目的のうち、②の情報共有が減り、①の意思決定と③のブレストにかける時間がそれぞれ5％以上増えたのです。意思決定するうえではディスカッションやブレストが必要になるので、アウトプットを増やすことにもつながりました。それはすなわち会議の質が向上したということです。

3 初めの2分で空気を温める

仕事の現場における過剰な気遣いは生産性を落とします。

会議でも同じことがいえます。参加者が自由に発言できないような心理状態では意見も出ず、何かを決めることはできません。活躍社員が会議を仕切るときは、まず場の空気を温めてから会議を円滑に進めています。

そこで、**冒頭2分は雑談をするルール**を実験してみました。この雑談2分ルールには39社が協力してくれました。

冒頭2分の雑談をした会議約4000時間と、これまでどおりの会議約4000時間を、同じ組織の同種の会議で比較してみました。すると、冒頭2分の雑談を入れた会議はそうでない会議よりも発言者数は1・9倍になることがわかりました。発言数も1・7倍となり、活発に意見が出るようになったのです。そしてなんと、冒頭2分の雑談を入れたにもかかわらず、予定した時間よりも早く終わる確率が45％もアップしました。

最初に空気を温めて心理的安全性を確保できれば、参加者は能動的に参加するようになり、意見もアイデアも出て、早く終わる、つまり会議の量と質が改善することがわかったのです。

雑談は、顧客との営業活動にも有効です。

各社のトップ営業は、雑談によって相手との共通点を探していることがわかっています。初めての顧客だとなかなか難しいところはありますが、何度か契約をしたことのある顧客に対しては、冒頭2～3分ほど、トップ営業は必ず雑談をしていました。

雑談ネタの鉄板ベスト3は「天候」「ニュース」「飲食」です。

社内の雑談で家族の話をする人もいますが、1万9000人に行った匿名回答アンケートでは、家族の話はしたくないと答えた人が24％もいたので、注意が必要です。天気やニュースなら、ポジティブなものであれば有効です。

しかし、最近暑くて仕方ないとか、コロナの感染者数が減らない、といったネガティブなニュースから入ってしまうと、相手のテンションを下げてしまいます。

最も効果がある雑談は飲食でした。

社内会議でも顧客との対応でも同じです。飲食は年代や性別にかかわらず誰でも必ずすることなので、共通点を見出しやすいものです。たとえば、トップ営業は訪問先の顧客たちのあいだで有名なとんかつ屋さんやラーメン屋さんの話をして、共通点を見出そうとするケースがよくありました。

何かしら相手との共通点を見出せれば、その後の会話はスムーズになります。距離感が縮まり、コミュニケーション密度を高めて商談に臨むことができます。

優秀な管理職も、雑談をうまく使いこなしていました。

まず自分の弱みをさらす自己開示をしてから、相手にアイデアや意見を求めるような手法をとっている人もいました。

なかなか話さないメンバーに対しては、「はい」か「いいえ」で答えられるクローズドクエスチョンで発言を引き出すようにもしていました。

相手の話を聞くときは、口角を上げたり、大きくうなずいたりするなどして相手を安心させるテクニックもあります。とくにオンラインコミュニケーションでは、こうしたノンバーバルコミュニケーション（言葉に頼らないコミュニケーション）が良好な空気を作ります。優秀なリーダーたちはうなずきが大きく、そして相槌《あいづち》のバリエーションも多いのが印象的でした。

最初に雑談をして相手の心を開くこと。雑談では相手との共通点を探っていくこと。雑談を聞いているときは笑みを浮かべながら大きくうなずくこと。

この3点に関しても39社で展開してみると、さらに会議の満足度を15％以上押し上げることができました。日常の仕事にも取り入れやすいので、成果を実感してもらいやすいスキルだといえるはずです。

4 最初の1分と最後の5分にエネルギーを注ぐ

会議では、最初の1分と最後の5分に力を入れるのが成功の秘訣《ひけつ》になります。

会議の参加者1万9000人に対して、会議終了から90分後に記憶についてヒアリングをしました。「1時間の社内会議のうち、どのパートを最も記憶に残しているか」という質問については、わかりやすい傾向を見出すことができたのです。

記憶していたパートの第1位は、最後の5分でした。人間の記憶は90～120分のあいだに7割近くを失うといわれているので、時間軸として最も間近にある最後のパートを記憶に残しているのは自然なことです。とくに活躍社員が主催、もしくはファシリテーションした会議においては、最後の5分あたりを記憶に残している参加者が増えました。

2番目に記憶に残っているパートは、最初の1分でした。記憶力の問題ではなく、出だしのインパクトが強い印象を与えるため、参加者の記憶に残りやすいようです。

最後の5分と最初の1分を最も記憶に残しているわけですから、ここにエネルギーを傾けることがスマートな会議運営のポイントになります。

最後の5分がどう使われているかを調べると、「質疑応答」や「会議のまとめ」が多いことがわかりました。

質疑応答は参加者からの発言を促し、主催者と参加者が直接的なやり取りをする場になります。主催者など特定の人が一方的に話すだけでは参加者の満足度はどんどん下がっていくので、参加者にもしゃべらせたほうがいいのです。

質疑応答時間を双方向の対話にできれば、会議を成功に導きやすいこともわかりました。

対話に参加すれば、発言者は当事者意識を高めるのに対し、聞くだけでは受け身になりやすいだけでなく、こっそり〝内職〟をする人まで増えてしまうのです。

質疑応答で質問や意見を出す人が増えれば、会議で決められたことや話されたことが実行される比率が高まることもわかりました。

「最後の5分は対話によって発言者数を増やし、確実に行動を誘発させる これが会議の成功パターンです。」

2番目に記憶に残っている最初の1分は、雑談で心理的安全性を確保して発言しやすい環境を作るか、会議のアジェンダを説明して会議内で達成したい目標や会議の目的を参加者に周知させる場合が多いはずです。

活躍社員は最初の1分をアジェンダを共有する時間に充《あ》てるケースが多くなっていました。事前に共有したアジェンダを冒頭の1分で再度発表して、参加者の記憶をよみがえらせます。そして、目的とアジェンダを説明することで、達成すべき山の頂上とその登り方を参加者に確認してもらいます。それによって参加者の意識を会議に向けるようにしているわけです。

クロスリバーが386社を調査したところ、オンライン会議で21％の人しかビデオ（自分を映し出すカメラ）をオンにしていないことがわかっています。

それでは能動的に会議に参加しているのか、他の仕事をしながら聞いているのかがわかりません。社内のオンライン会議では、41％もの人が〝内職〟をしていることも判明しています。そういう状況を改善するためにも、最初の1分が重要になります。

ある通信会社では、〝内職〟者を減らして会議の質を高めようというプロジェクトを立ち上げました。活躍社員が仕切っている会議を参考にして、オンライン会議に集中させる行動実験を積み重ねていったのです。

多くの活躍社員がやっていたのは、冒頭で参加者の名前を呼びあげながらアジェンダを共有することでした。

たとえば次のような感じです。

「本日のアジェンダは3つです。1つ目は情報共有で、営業部のヤマダさん、マーケティング部のスズキさんにそれぞれ5分ずつ説明してもらいます。2つ目のアジェンダはディスカッションです。開発部のヨシダさんや製造部のホンダさんもぜひご意見をください。3つ目は意思決定になるので、ヨシダ本部長に決定をお願いしたいと思います。最後の5分はQ＆Aに充てますので、皆さん、なんでもいいので質問を1つ用意しておいてください」

ビデオをオンにしないで油断して聞いていると、自分の名前が呼ばれたときにドキッとします。このちょっとした緊張がノルアドレナリンというホルモンを分泌させることもわかっています。

樺沢紫苑《かばさわしおん》『アウトプット大全』（サンクチュアリ出版）によると、ノルアドレナリンは分泌されすぎると緊張して思いどおり動作できなくなりますが、適量であれば、運動や勉強、仕事のパフォーマンスを高めてくれるそうです。学習物質でもあるため、記憶力も高まるそうです。

このやり方を見習うことで、発言する人が確実に増えました。会議後のアンケートでも、満足度が以前より15〜23％上がったことが確認できています。

オンライン会議中に〝内職〟している人を減らすことにもつながり、匿名回答アンケートでは13％程度にまで減りました。3分の1近くまで、〝内職〟する人を会議に集中させられたということです。

参加者の名前を呼ぶという誰にでもできる小さなことでも、会議の成否が分かれるわけです。

会議が終わった後に参加者に行動を起こしてもらうためには、最後の5分が最も重要です。

「私はあなたにこう動いてほしい」というメッセージを最後の「まとめスライド」に入れておくと、相手の行動を導きやすくなります。

活躍社員が作成していた「人を動かすことができた資料」の78％に「まとめスライド」があり、そのうち67％に「相手に求める具体的な行動」が記載されていました。

まとめスライドは、相手を主語にして書かれていることが多かったのも特徴です。自分たちが主語になっている項目については、相手に対する約束（コミットメント）になっていました。

たとえば、「我々はお客様の希望するスケジュールでプロジェクトを完了することを約束します」と記載するだけでなく、「そのために○○さんには、お客様に必要な情報と人を週に1回提供していただきます」といった依頼を書いておけば、相手が協力してくれる可能性が高くなります。

これは、日本人がとくに影響を受けやすい**「返報性の原理」**のためです。

返報性の原理とは、人から何かやってもらったときに「お返しをしなくては申し訳ない」という気持ちになる心理作用のことです。スーパーで餃子《ギョーザ》を試食したら、その後に餃子を1パック買ってしまうような行動心理です。相手がしてくれたのだから自分もお返ししなければならない、という心理になるわけです。

返報性の原理は、資料を使って相手を動かすケースでも通用します。

相手に一方的な行動を求めるのではなく、自分たちも動くのだということを示して相手の行動を誘発させることが大切です。

このように最初の1分と最後の5分をどうすべきかをよく考え、徹底すれば、会議は効率化します。そうなれば、会議で使用する資料を作成することにものすごいエネルギーをかける必要もなくなります。

5 チームに1人、ファシリテーターを育成する

数多くの企業が取り組む働き方改革を支援してきて確認できたのは、社内会議を正しく、うまく仕切っているのは各社の活躍社員であるという事実です。

彼らは、社内会議を仕切ることは価値観の違う人の意見をまとめる格好のトレーニングの場になるとも捉えていました。雑談で参加者の共通点を探ったり、参加者に伝わるコミュニケーションを意識したり……。残り時間を逆算して、参加者の発言時間を抑制したりもしていました。

活躍社員が行っていたのは、いわゆる**「ファシリテーション」**です。

ファシリテーションとは、参加者の発言を促すなどして会議の流れをコントロールしながら会議を成功に導くことです。参加者同士の共感・共創関係も築いていくようにして、参加者全員のベクトルを合わせて、次のアクションにつなげていきます。

活躍社員が実践していたファシリテーション術を体系化して、同じように取り仕切れる「会議ファシリテーター」を増やしていく方法を考えました。

日本では、ファシリテーションという教育を受けるビジネスパーソンは少ないのですが、欧米では大学の授業の課程になるほど体系化されています。ファシリテーションを学ぶだけで会議の運営が円滑になることが、119社を対象にした行動実験でも確認できています。

各組織で1人、ファシリテーターを育成したことで、会議の効率や効果は大きく変わりました。会議後の参加者の満足度は28%も上がり、時間内に終わる会議は31%も増えました。ファシリテーターとなった人の満足度も、93%ときわめて高い数字になっています。ファシリテーションの勉強をしたいという人は72%にまでなりました。

行動実験で意外だったのは、社外からの転職者がファシリテーターになったほうが会議を円滑に進めることができたことです。

会社の事情をよく理解できていない状況で社内会議を仕切るのは難しいと思われましたが、結果は逆だったのです。過剰な気遣いがなく、部長が発言しないうちは課長が発言できないなどといった悪《あ》しき慣習を知らずに進めていけるので、そのぶん、円滑に運びます。

素晴らしいファシリテーションによって時間どおりに会議が終わったときには、有効なアウトプットも出ているものです。会議ファシリテーションは、一朝一夕には磨くことのできないスキルですが、書籍や社外教育で「型」を学び、社内会議で「場数」をこなすようにすれば、成果と成長を実感できます。

次項では、そのファシリテーション術を紹介していきます。

6 ダメな定例会議を生まれ変わらせる3アクション

共有会議の約7割は、各チームであらかじめ決められた時間に行われる定例会議です。この定例会議でこそ最もムダが発生しやすいことが、クロスリバーの調査で判明しています。定例会議はどの企業でも行っていますが、なんとなく続けているのが実情です。

集まることそのものが目的であったり、会議をしていることで満足してしまったり、情報を伝えて終わりとなってしまったりと、改善すべき点が多く発見されました。

それでも定例会議はなかなかやめられないのが実情です。そこで、活躍社員の意見などを参考に、定例会議を改善するトライアルを複数回、実施しました。その中でもはっきりとした効果が出たのが、次に挙げる3つのアクションです。

①参加者に質問を1つ持参させる

参加者それぞれの当事者意識を高めて、深く考えてもらうために、議題についての質問を事前に1つだけ準備させておくことにしました。

最初こそルールが守られにくいものですが、他の参加者が質問するようになると触発されるので、次の回からは質問を準備する人が増えていきます。そうなると、「よく自問するようになった」「問題の本質を見るようになった」というコメントも増えていきます。**質問を考えることが、内省して問題点およびその発生原因を深く考えることにつながるからです。**

このルールを導入すると、質疑応答が活発になるだけでなく、状況を報告する際にインサイト（学び）や改善指針を話すメンバーも増えていきます。そうなれば、議論の質が高まっていることが実感しやすくなります。

② 「決定」のアジェンダを入れる

単に情報共有するだけならITツールで行えます。しかし、それだけではアウトプットにつながりません。改善のために、アジェンダには必ず、チームで「決定」するべき項目を入れるようにします。それだけのことでも参加者の当事者意識とモチベーションが高まります。

社内会議で、より早く、より多く、決定するようにすれば、現場の行動量が増えて、生産性が高まります。ですから、定例会議であっても、なるべく多くの「決定」をしたほうがいいのです。

③ 最後の5分はWhoとWhenを確認する

残り5分になったら参加者全員にアウトプットを出すことを動機付けました。**そこでは「どのアクションを、誰が（Who）、いつまでに（When）行うのか」を確定させます。**この点を曖昧にしておくと次の行動につながらないので、必ず確認するルールを定着させました。このことにより、会議での未決事項が32%減り、結果的に会議時間の削減にも寄与できたのです。

7

45分会議チャレンジ

3 2 9社にヒアリングしたところ、社内会議の91%が「60分」で行われていました。しかし、60分より短い時間でアウトプットが出るのであれば、そのほうがベターです。会議時間を減らすために「30分会議」を採用している企業があるという記事を読んだことがあります。しかし30分会議を設定すると、前後に他の30分会議を入れられて会議数が増えてしまう傾向にありました。また、それまで60分で行っていた会議を30分に縮めるためには、高度なファシリテーション技術が必要となります。

そこで36社に協力してもらい、「最適な会議時間は何分か?」を見つけ出すための行動実験を行いました。

40分の会議、30分の会議、35分の会議……と試してみたのです。

結果として、アウトプットが出て、会議参加者の満足度が最も高かったのが45分会議だったのです。

45分会議を社内スタンダードにすることで、会議が時間どおりに始まる可能性が1・8倍にまで上がりました。また、会議が連続する場合も、次の会議までに15分の隙間時間が生まれると会話や雑談が増え、その中で重要な意思決定が行われるケースも見られました。

45分会議で最も大きなベネフィットは、精神と時間の余裕を作れることです。精神的な余裕は、より創造的な思考を促しました。時間的な余裕は働く人のストレスを減らします。トイレに行く時間や水分補給する時間ができることによって、健康面も改善されました。「ストレスが減ったことによって、感情的な争いが少なくなった」とアンケートに答える人もいたくらいです。

45分会議が浸透したことによって、会議前の準備も徹底できました。45分の中ですべてを完結させなければいけないというプレッシャーがかかり、アジェンダを事前に共有するようになったのです。

60分会議から時間を25%も短縮した45分会議を開催することで、制限時間のプレッシャーがかかりすぎるのではないかとも心配されました。しかし結果的には、意思決定の数が10%以上多くなり、出席者の満足度も高まりました。

この45分会議をうまく浸透させていくために、まず初めは空気作りとしての雑談を行いました。次には決定するための材料を共有します。事前に共有したアジェンダをもとに、参加者に質問や意見を募るようにしました。最後の10分では次のアクションを確認します。未決事項がないかの再確認です。このように、「雑談、質問、決定、確認」の基本のかたちを押さえておけば、45分会議をうまく浸透させられることが行動実験によって明らかになったのです。

8 議事録はリアルタイム共有する

会議での意見や決定事項をまとめて議事録を作成するケースは多いです。議事録は参加できなかったメンバーと共有したり、参加したメンバーに備忘録として渡すことを目的としています。

その議事録をリアルタイムで共有すると、効果を高められます。

たとえば、NotionやMiroなどのデジタルノートも同時に共有して、説明資料と議事録を同時に画面表示すれば「これまでにどのような点を説明したのか」「どのような質問が出たのか」といった流れを把握できます。

途中から会議に参加したメンバーも、流れが見えて議論に参加しやすくなります。デジタルノートのリアルタイム共有によって会議の流れが見えるようになれば、途中からでも迷うことなく会議に参加できます。

議事録は通常、会議後に参加者に確認をし合ってまとめることが多いはずです。しかしリアルタイムで議事録を共有していれば、参加者が適時修正していくのを認めることで、会議が終わった時点で議事録を完成させることもできるのです。

実際に18社で議事録のリアルタイム共有を実施したところ、議事録の作成時間を最大70％減らせたという結果が出ました。また、議事録をリアルタイムに共有したことによって、〝内職〟する人も2割ほど減ったという効果も出ました。

議論の流れを可視化して、まとめの時間を省略することになる議事録のリアルタイム共有は、多くの企業において効果があることが確認できています。

NotionやMiroなどのデジタルノートをクラウドで共有し、参加者にURLを配付しておくのが有効です。そうすれば、議事録を作成している状況を追うことができ、かつ情報の追加や修正もすぐに行えます。クラウドで保存しておけば検索も容易になります。エクセルやワードに議事録をとって、1ファイルごとに保存していくやり方では、過去の情報検索に時間がかかります。クラウドのデジタルノートにすべて保存しておけば、横断的な検索が可能になるので、探す時間を年間約20時間も短縮できます。

9 「何か良いアイデアを出して」という発言を禁止する

「何か良いアイデアを出して」と主催者が指示し、参加者が恐る恐る意見を出すと、「それは間に合わないですね」「それは予算がないからできないですね」などと頭ごなしにダメ出しをしていくパターンがよく見られます。当然、避けるべき状況です。

アイデア出し＝ブレインストーミングでは、アイデアをたくさん出していくことが目的なので、途中で決めることを混合させるのは避けるべきです。

ブレインストーミングと決定会議を同時に行うとアウトプットが出なくなる、ということもよく理解しておくべきです。

そこで、「ブレインストーミングと決定会議の時間を分ける」というチャレンジをしました。

ブレインストーミングでは、決定をしないでアイデアの量を増やすことを追求します。逆に決定会議では意思決定者が必ず参加するようにして、「決め方を決めて、決める」というルールを徹底しました。

このようにアイデアを出す会議と決める会議を分けたことにより、社内会議を全体で11％も減らすことができたのです。

また、時間やアジェンダを分けて「決めることをしないブレインストーミング」を行ったところ、参加者の85%が満足と答えました。「アイデアを出したけれどつぶされた」という経験のある人がいかに多いかがわかります。

決定をしないブレインストーミングで出されるアイデアの量は、それまでの1・7倍になったという結果も出ました。

活躍社員は、会議をファシリテーションするときに「良いアイデアを出してください」とは決して言いません。ブレインストーミングはアイデアの量を出すことが重要であり、大量のアイデアの中に「良いアイデア」が潜んでいることを知っているからです。活躍社員は「なんでもいいからアイデアを出してください」と参加者の精神的なハードルを下げて、出されるアイデアの量を追求します。

ブレインストーミングで「良いアイデアを出してください」という発言を禁止する行動実験も行いました。

18社が約2週間取り組んだところ、出されたアイデアの数はそれまでに比べて1・5倍に増えました。また、「ブレインストーミングでは意思決定しない、ダメ出しをしない」というルールも加えると、2・1倍にまで増えています。

ブレインストーミングでは、心理的安全性を確保して、なんでもいいからアイデアをたくさん出していくのがいい、という空気を作るのが重要であることがわかります。

テレワーク中でもブレインストーミングを行うことはできます。オンライン会議サービスを使って、アイデア出しをすることもできます。

しかし、集合対面型のブレインストーミングとオンライン型のブレインストーミングで比較したところでは、集合対面型のほうがアイデアの量が1・3倍になることがわかりました。メンバーが実際に目の前にいれば、その場の空気が読みやすいので、和気藹々《あいあい》とアイデアを出せる空気が作りやすいのです。

オンライン型のブレインストーミングでは、おかしなアイデアを口にして恥ずかしい思いをしたくない、という心理状態が強いこともわかりました。意見を出すことで周りにドン引きされたり、奇抜なアイデアを出してバカにされたりすることを避けたいと思っているのです。

また、デジタルホワイトボードのツールも便利なのですが、ブレインストーミングではホワイトボードや付箋《ふせん》紙を使って意見を出したり、つなげていったりすることが効果的であることもわかりました。

これからはハイブリッドワーク時代です。出勤とテレワークが混在する環境になります。対面のほうが心理的安全性は確保しやすいということもふまえて、「出勤したときには何をやるべきか」を考えておくのがいいでしょう。出勤時に適している会議の1つがブレインストーミングであるわけです。

こうしたことも考慮したうえで、有意義なブレインストーミングを実行してください。

10 100円キッチンタイマーで暴走を止める

時間管理はファシリテーターの役割です。

時間内にアジェンダをすべてこなし、未決事項をなくさなければなりません。

時間管理で重要なのは、発言時間を絞っていくことです。とくに会議の前半で、役職者が1人で長く話してしまうと、他の参加者も続けて長く話しやすい傾向があります。参加者があまり発言しない会議では、司会者が一方的に話すことが多くなっているものです。

相手の反応が見えにくいオンライン会議では、特定の人物の発言が長くなり、会議が時間内に終わらないケースが増えてしまいます。

計9000時間の会議を記録して分析したところ、**特定の1人が会議時間の50%以上も話している会議では参加者の満足度が低下傾向になり、会議後の行動意欲度もきわめて低くなることがわかりました。**

特定の人による独演会状態になるわけですから、決めるべきことも決まらず、決定数も減少傾向になります。参加者からの発言数は30%以上減ることがわかりました。

ファシリテーターとしては、時間内にアジェンダをこなさなければならないのですから、暴走する人がいれば、なんとかして止めなければなりません。

効果的だったのが100円ショップでも売っているキッチンタイマーを活用する方法です。会議が終わる15分前にタイマーをセットして、音が参加者にはっきりと聞こえるように設定します。

集合対面型の会議でもオンライン会議でも、どちらでも有効です。

タイマーの音が聞こえれば、ずっと話し続ける人を止めることができます。役職者の長い話を止めるのはなかなか難しいものですが、タイマーの音が鳴れば、役職者が自分で話を止めやすいことが確認できました。

残り15分になれば、どのアジェンダが残されていて、最終的に何を決めなければならないかを考えて、参加者全員が最後のエネルギーを振り絞ります。

スマートフォンのタイマーアプリでもいいのですが、キッチンタイマーのほうが音の響きが良く、長話を止めてくれる効果が絶大でした。

すべての社内会議室にキッチンタイマーを置いた通信会社では、1カ月の総会議時間が8％ほど減ったという結果も出ました。

100円のタイマー1つで特定参加者の暴走を止めて、会議を時間内に終えられるようになるなら、費用対効果はきわめて高いといえます。

ビジネスパーソンは働く時間のおよそ15%を資料作成に費やします。しかし残念ながら、きれいな資料を作ることを目ざしてしまったり、パワーポイント（パワポ）の機能を覚えることに力を入れてしまったりと、手段を目的化してしまう人が多いのも事実です。

行動実験を行ったクライアント企業には、資料作りが得意ないわゆる「パワポ職人」が何人かいました。

マイクロソフトでパワポの責任者であった私よりも多くの機能を駆使したパワポ資料が作れる人はたくさんいます。しかし、そのこと自体にはあまり意味がありません。**各社で高い評価を得ている活躍社員の中には「パワポ職人」は入っていないのです。**

パワポ資料を作ることが目的になってしまうと、自己満足になってしまう場合が多いのが実情です。**「パワポはあくまで手段」**と、ある活躍社員が話してくれました。まったくそのとおりです。

目的と手段を見失わず、正しく資料を作成し、思いどおりの成果を残すにはどうしたらいいのか。

この問題の答えを見つけるために、資料作成の行動実験を行いました。

1 事後行動デザインを徹底する

働き方改革の支援をしている中では、凝りに凝っている派手な資料を目にすることがあります。数時間もかけて1スライドだけを作成するような人もいます。

パワポ資料は、作ることが目的になってしまう場合が多く、それが長時間労働の温床となっていました。

資料作成はあくまでも手段。目ざすべき目的は、資料を通じて**相手と共鳴して思いどおりの行動を誘発すること**です。

社内会議の資料では合意や意思決定を促し、顧客向けの資料では相互理解や契約締結を勝ち取る必要があります。そうした目的を達成するための資料でなければ、時間をかけても意味がありません。

資料作成に時間をかければかけるほど成果が大きくなっていくのなら、すごく凝った資料を作り続ければいいのですが、そうではないのです。

パワポで資料を作成するのは、あくまでも手段です。達成すべき目的は、相手を思いどおりに動かすことです。

そのために、相手にとってほしい行動を決めておかなければいけません。

目的もなく散歩をしているうちに勝手に山の頂上に着いていることはないように、しっかりと頂上（＝相手にとってほしい行動）を設定しておいてから山登り（＝資料作成）を始めなければ成果は出ません。

そこで、資料を提出した後に**相手に求める行動を設計しておくことをルール化**しました。このルールを「事後行動デザイン」と名付けて、６１８社で浸透を試みました。

スタート当初は６割程度の人しか従ってくれませんでした。しかし、実際にルールを守ってくれた人の調査をすると、ルールを適用する前に比べて10％以上も資料作成時間が減少していたのがわかりました。明確な頂上を意識して、最短距離で山登りをしようとしてくれたようです。

様々な施策をとって提案営業の成約率が20％以上アップした人のうち、72％が「事後行動デザイン」を実施していました。

その一方で、クライアント各社に存在している「パワポ職人」の営業成績が伸び悩んでいたのは事実です。

目的と手段をはき違えてしまうと成果は出せないということが証明されました。

2 いきなりPCを起動しない

活躍社員は資料作成の際に、どのように時間を使っているのでしょうか。

プレゼン資料などを作成するときは、いきなりPCに向かうのではなく、手書きのメモから始めます。

「どういう相手なのか」「どうすれば動いてくれるか」を考えながら手を動かし、記載する内容の骨格と構成を整理します。そして、最終仕上げのためだけにPCを使うようにします。

この方法の効果を検証するために、他の4516人の社員で実証実験を行ったところ、作業時間が18～20％ほど短縮できました。

とくに営業担当者には、はっきりした効果があらわれました。

最初に手書きメモを作ることから始めて資料を作成した場合、成約率が22％高まるという結果が得られたのです。

効果的な資料には、説得力のあるストーリーが見られます。

相手からすれば、「要するに何なのか？」を早く知りたいのです。長々とした説明や完成度の高い見た目などは求めていません。

最初にPCを立ち上げてしまうと、作成作業をすることが目的となってしまいがちです。深く考えるためには、いったんPCから離れたほうがいいのです。

3 制限時間を先に設ける

PCに向かって作業を開始すると、時間はどんどん過ぎていきます。次の作業に移らなければならないのに、ついつい前の作業を延長させてしまいがちにもなります。

短い時間で成果を最大化するには、だらだら仕事するのを避ける必要があります。そのためには、すべてのタスクに「締め切り」を設けておくようにするのが有効です。

日本人には「締め切り」の心理的効果が大きい傾向があります。夏休みの宿題は最終日が最もはかどるのもこのためです。

社会人では金曜日が仕事の効率が高いといわれています。週末に向けて仕事を終えなくてはいけないので、やめることを決める覚悟もあるからでしょう。

18社で行動実験をしたのは「45分1セットの作業」です。

資料作成は45分でいったん終える、という取り決めです。

たとえ終わらなくても、45分経ったら一度作業を中断します。45分区切りというタイムプレッシャーをかけることによって、緊張ホルモンのノルアドレナリンが適度に分泌します。ノルアドレナリンの効果で脳の働きが活発になり、アウトプットの質が高まります。締め切りが見えるとさらに脳が活発に働くようになるので、時間どおりに終わる確率が高まります。

制限時間45分の資料作成作業にトライした人に聞くと、「普段より疲れた」と答えた人が43％いました。しかし、3回以上実験すると、「疲れた」と回答する人は19％に減りました。

「コンパクトにまとめるように心がけた」「相手にイエスと言わせる戦略作りに時間をかけた」というコメントが増えたので、その後の成果アップにつながっているのは間違いなさそうです。

実験参加後に、資料の作成時間が10％以上削減できたという回答は67％でした。効率は確実にアップしたのがわかります。

4 クイックアクセスツールバーを活用する

資料を作る際、図形やテキストの位置が揃っていないと気になるものなので、ピッタリと揃える操作をすることが増えがちです。

ただし、マウスを使ってそれらの配置を調整していれば効率が悪くなります。

製造業のクライアントと行った調査では、1週間に10分以上かけて、パワポ上で図形と画像、テキストの位置などを動かしている社員が半分以上いることがわかりました。単純計算すれば、1年間に約7時間半をかけてマウスによる調整作業をしていることになります。

こうした調整作業については、「図ツール」の中にある機能を使えば効率化できます。たとえば「図ツール」の「センタリング」を使えば、指定したものが一発でスライドの真ん中に配置されます。複数の図形を指定すれば、その図形グループ内で「左揃え」や「中央揃え」もできます。

配置を調整するたびに毎回、配置機能を探してボタンを押すのは面倒なので、クイックアクセスツールバーに登録しておくと便利です。

たとえば、図形の配置を調整する際に、わざわざ書式メニューから「配置」を選んで「中

図表3　クイックアクセスツールバーに登録すべき4つの機能

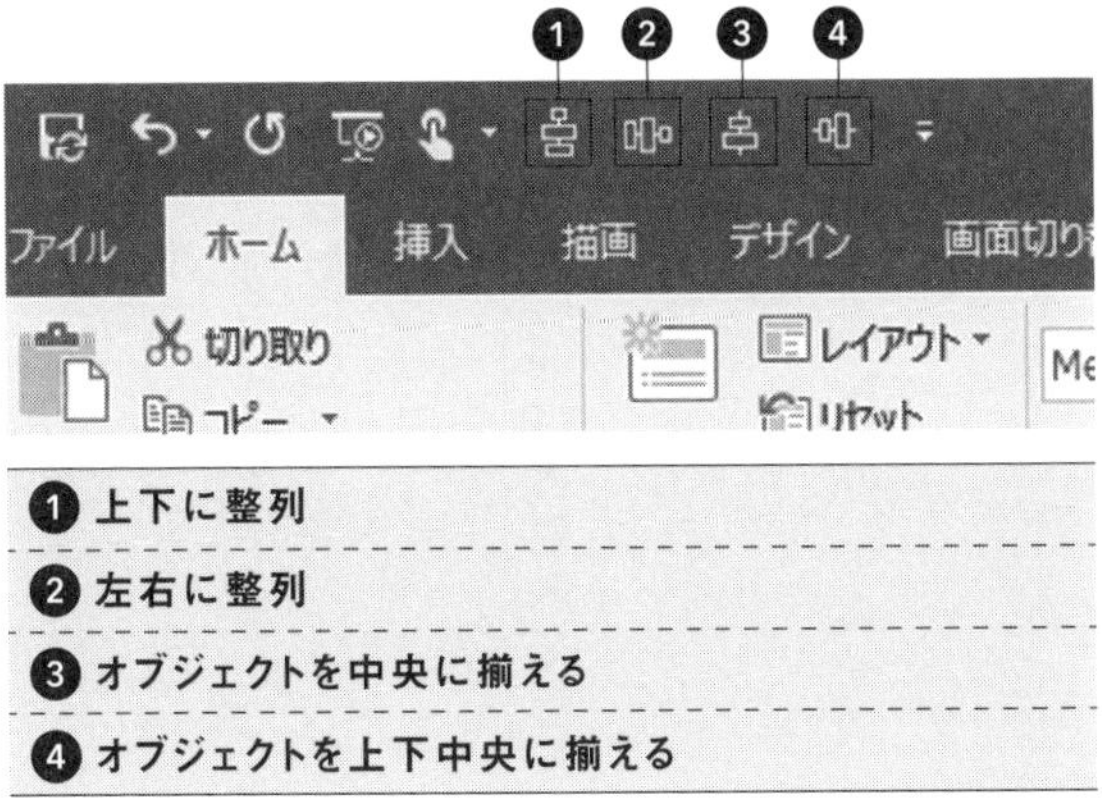

央揃え」をクリックするのでは、探すのも操作するのも面倒です。よく使う機能については、左斜め上のツールバーに登録しておくようにするのがいいのです。

登録は、ツールバーのいちばん右に下に向いた矢印があります。ここをクリックすると、クイックアクセスツールバーにどの操作を登録するかを選択できるので、よく使う機能を選んで右に表示されるボックスに移動させます。

とりあえず「図形の調整」をクイックアクセスツールバーに登録してみましょう。

センタリングなどの操作機能は「図ツール」に入っています。「図ツール」というコマンドを選んで「オブジェクトを左に揃える」や「オブジェクトを中央に揃える」を選択して右のボックスに入れて「OK」を押せば、ツールバーにその操作のアイコンが加わるので、これ以降は一発で操作できるようになります。

クイックアクセスツールバーでは「フォント」も選べるので、文字の拡大・縮小など、自分がよく使う機能を登録しておけば、短い時間で作業できるようになります。

実際に462社2万3000人にこのクイックアクセスツールバーを使って作業するようにしてもらったところ、設定以前よりもパワポの作業時間が6%ほど削減できました。

5 「要点は何?」を10秒以内でわからせる

クライアント各社から5万枚以上のパワポスライドを収集し、文字数や色、図形の有無などについて、AIを使ってパターン分析をしました。

「なぜ人を動かせたのか?」を探るために、各社868人の意思決定者(予算を持っている権限者)に対面ヒアリングとウェブアンケートを行い、いくつかのパワポ資料のパターン比較(A/B比較)と、自身の意思決定に影響を与えた資料の提示をお願いしました。

そうしたことからも「人を動かす資料」の特徴がわかってきました。

資料の中身はもちろん重要ですが、デザインの特徴だけを見ても、資料作成の本質的な目的を再確認することができるのです。

意思決定者は以下のようなコメントを多くしていました。

「文字ぎっしりの資料はうんざりする」

「わかりやすい資料がいい。受け手が理解するのにエネルギーを使わない疲れない資料」

「大切なことに絞った資料がいい」

こうした言葉からわかるのは、人を動かすことができるのは〝重要な点に絞った資料〟だということです。

調査した意思決定者のうち78％は、10秒以内で「わかりやすい資料かどうか」を判定しているとのことでした。

わかりやすさの判定基準は「10秒以内で①資料の要点を理解できること、②それを記憶しておくべきかの判断を終えられること」です。

②についてはコントロールできない部分もありますが、①の「要点は何か？」を10秒以内でわからせるようにすることはできます。

多くの人は、自分の伝えたいことをそのままスライドに書き起こした資料を作りがちです。限られた時間でできる限り多くのことを伝えたいので、必然的にスライド内の文字数が多くなります。それを根拠のない自己満足のデザインでまとめて、凝ったように見えるだけの資料を作ってしまうのです。

しかし、実際に相手を動かせるのは、大切なポイントに絞って10秒以内に「要点は何か？」がわかるようにしたシンプルな資料です。

この点を押さえて資料作成に臨んだ2万3000人の資料作成講座（クロスリバー主催）の受講者は、94％が「効果を実感した」と答えていました。

伝える資料ではなく〝伝わる資料〟を目ざさなければならないのです。

6 赤よりも白を増やす

人は五感を通じて情報を脳に取り込みます。より長く、そして鮮明に覚えてもらうためには、視覚を通じて情報を入れるのが効果的であると昔からいわれています（『産業教育機器システム便覧』1972年）。実際、活躍社員も相手の視覚を意識して資料を作成していました。

そこで、資料においても、相手の視覚を意識することで「伝わってほしいことに誘導できるか」を確かめる実験を行いました。

実験を進めていくと、赤文字では意外と人を誘導できないこと、彩度が高い色は見にくいためなのか敬遠されがちなことなどがわかりました。

黄色やオレンジも、アクセントカラーとして使われがちですが、スライドの中で黄色やオレンジが占める割合が多いと、目がチカチカして集中できません。プラス効果のあるアクセントにはならないのです。

実験の結果、最も視覚を誘導しやすいと判明したのは、意外にも「白」でした。

とくに効果があるのは、余白の「白」と白抜き文字の「白」です。

伝わってほしいことの周りに余白を増やし、黒い背景などに白抜きの文字を使うことで効果的にインパクトを残せるようになるのです。

まず伝わってほしい結論が目に入るようにして、そこから詳細説明に視線を移すようにします。

このルールを頭に入れておけば、デザインをどうするかと悩む時間は減り、「何が最も重要なのか」を考えるための時間に割り振ることができます。

「白抜きの文字」は、聞き手の記憶に長く残っている確率も高くなりました。

そこで、資料の中で重要な文字だけを切り出して別スライドにして、黒背景で白抜き文字を強調したところ、聞き手の印象に強く残すことに成功しました。白抜き文字でまず結論を伝えて、「詳細は次のスライドに記載してあります」と発言することで、伝わってほしいことをうまく伝えられたのです。

7 対角線を意識してアイコンを1つ配置する

資料を見るときなどには左斜め上から右斜め下の対角線に沿って目線が動きます。この対角線上にアイコンや画像を配置すると、約8割の閲覧者がそのアイコンや画像と、その横に配置された文字を読むことが調査でわかっています。

ルールなく配置された場合と、対角線上に配置した場合を比べると、65%の人は後者がわかりやすいと答えています。それも、即答していました。

この原則は、スライドを10秒見たときに何が頭に残りやすいかを答えてもらった際に、色や文字の大きさといった要素のほかに、左斜め上に配置された文字や図形に目が止まりやすい傾向に気づいたことから発見できたものです。その次にどこが印象に残るかを聞くと、やや中央に移動して目線が右斜め下に移っていたのです。

似たテーマについて解説している書籍の中には、資料を見るときは視線がZ型に動くものだと書いているものもあります。Z型とは、名称が示すとおり、左上から水平移動して右上へ行き、その後、右上から左下へ目線が落ち、最後は左下から右下へ横スライドする目の動きです。

私たちの実験においても、まず目に留まったものが印象に残り、そこに書かれた文章に興味を持てば、目線を右に移動してさらに文章を読むという傾向があることが判明しています。Z型とイコールではありませんが、それに近い目の動きです。

対角線の法則は、私が講師を務めるパワポ講座の受講生2万3000人のうち78％が実践していて、81％が「視線を動かすことに効果があった」と答えました。「配置するアイコンの数は1スライドに4つ以内。オンライン会議であれば1つ」というルールも適用したところ、62％が実践し、82％が効果を実感していました。

8 フィードバックからフィードフォワードへ

1万9000人分の資料の作成状況を調べたところ、約23％のページが上司や顧客に対する過剰な気遣いで作成されていることがわかりました。補足資料や緻密なデータ、詳細な説明文などがそれにあたり、必要だろうという憶測で作成されていたのです。

上司側の協力を得て匿名回答でヒアリングしたところ、こうした忖度《そんたく》資料のうち80％以上のものは実際には使われていませんでした。中にはページがめくられてさえいないものもありました。必要のない資料の作成に部下が時間を割いていたことを知り、不快に思う上司もいたほどです。

資料の「差し戻し」は、作る側と見る側双方の生産性を落とします。

じっくりと時間をかけて入念に作った資料が最後の最後でダメ出しされ、作り直すことになれば非効率的です。資料の作成者だけでなくダメ出しする側も、時間とエネルギーが奪われます。

このような忖度資料と差し戻しを減らすのが「フィードフォワード」です。

成果を出し続ける活躍社員は、仕事の依頼を受けるときには念入りに相手の期待値を確認しておき、作成途中でチェックポイントを設けて提出先の意見を取り入れていました。

こうした定期的なチェックの応用として、「進捗《しんちょく》20%の段階で提出先から意見を求める」というルールを取り決め、39社で行動実験しました。

提出先の相手に、完成前の途中段階で意見をもらうようにすれば、「忖度資料と差し戻しを減らせるのではないか」という仮説を立ててのことでした。「差し戻し」は、作成者と提出先の思いや考えがズレることによって発生するものですから、そのズレを早い段階で見つけてしまおうと思ったわけです。

フィードバックは完成後に得るもので、完成前に意見を聞く行為を「フィードフォワード」と呼ぶことにしました。こうした実験についてもニックネームのように名前をつけると、組織内で浸透しやすくなります。

この実験では、完成度が20％の段階でまず見てもらう相手には、「2分程度の簡単な意見が欲しい」ということもお願いしておきました。

こうしたフィードフォワードを開始してみると、「良かれと思っていたことが本当に良かったのかを確認できた」「相手の思考や興味、関心がわかるようになった」と回答する参加者が続出しました。

想定外だったのは、作成者よりも資料をレビューする側の満足度が高かったことです。「最初は面倒くさいと思ったが、資料を見る時間が全体的に短縮できた」「質の高い資料を作る人が増えた」というコメントが出てきたのです。

ある物流企業では、フィードフォワード実験によって「差し戻しが74％減少した」という結果が出ました。「必要以上の品質になることも少なくなった」と答えた管理職も43％になっています。

フィードフォワードだけでなくフィードバックも取り入れます。資料を提出、もしくは説明した後に、感想や改善点などをもらうようにするのです。

フィードフォワードとフィードバックの徹底によって「資料作成が楽しくなった」と答

えた参加者は81%になりました。

フィードフォワードには3つのベネフィットがあります。

作業時間を減らせること、提出先の期待に応えやすくなること、作成者のモチベーションが上がることです。

3 プレゼンテーション編

私たちの調査によれば、作成したパワポ資料のうち85％が口頭で説明されていました。資料を送るだけで相手の心を揺さぶり、思いどおりの行動を促すことは困難です。資料を作った場合には、それが効果的に伝わるようにするためプレゼンテーションするケースがほとんどです。

その際にも、ただ資料を読むだけでは伝わりません。どのようなプレゼンテーションが有効なのかを学び、プレゼンテーションのスキルを高めていくことが大切です。

そこで、18社の協力のもと、営業プレゼンで成約率を22％アップさせることに成功した8つのアクションを紹介します。

1 冒頭1分の自己紹介で2つの要素を入れる

プレゼンテーションも、相手を動かすためのコミュニケーション手段の1つです。自分の伝えたいことを伝えるのが目的ではなく、相手を動かすために情報が伝わるようにすることが大切です。

相手を動かすためには、プレゼンテーションのコンテンツとして2つの要素＝「変化」と「資格」を含めておくのが有効です。

約16万2000人に対する調査によると、77％のビジネスパーソンは「しっかり情報を入れてしっかり説明することが成果につながる」と信じていました。一方、成果を出し続けている活躍社員は**「冒頭の挨拶や自己紹介を念入りに準備しておき、最初のツカミで相手の心を握ろう」**と心がけていました。

重要なプレゼンや大人数の前でプレゼンを行う際には緊張して当然です。しかし、その緊張を取ろうと考えて何度もリハーサルをするのはお勧めしません。

相手が記憶に深く残してくれるのは、すでに解説しているように最初の1分と最後の5分なのですから、そのポイントをしっかりと話せるように準備すべきです。

自分のプレゼンを録画して、その動画を内省しながら見ることでも、学びを得ることができます。学びがあれば行動を修正できるので、ゴールに近づいていきます。

1つ目に入れるべき要素は「変化」です。

ここでいう「変化」とは、相手の過去もしくは現在から「未来への幸せな変化」を指します。つまり、相手にベネフィットがあることをイメージさせることが大切なのです。

なんとしてでも売りたいと意気込んでいる姿が顧客に伝わると、顧客は後ずさりして決定から逃げるようになってしまいます。そうしないためにも、相手が望むべき未来像を実現するストーリーを作らなければなりません。

資料作成編でも説明したように、活躍社員は相手に与える「変化」を明確にしています。そのうえで、プレゼンテーションによって、相手が望む幸せな未来に向けた変化を具体的に示す必要があります。

たとえば、ダイエットを勧める場合、「スポーツジムに行けば痩せられる」と伝えるよりも「痩せて健康的になれば異性からモテる」というように、より具体的に、望ましい未来をイメージさせたほうが行動を起こしてくれやすいものです。

幸せな未来の状態が想像されると相手は興味を示します。そのうえで、変化を実現する方法を具体的に説明してあげれば、「あっ、そういうことなのか！　こうやれば変化が起きるのか」と伝わり、行動を起こしてくれます。

「変化」は、相手を動かす最高のコンテンツになるのです。

入れるべき2つ目の要素は「資格」です。

「変化」をもたらすプレゼンをすると宣言しても、相手が信じてくれなければ聞いてもらえません。また、聞き流されてしまえば行動を起こしてもらえません。プレゼンの中身に興味を持って心から聞いてもらうようにする必要があるのです。

相手に信じてもらうために必要なのは、自分が「相手に伝える資格」を持っているのだと理解させることです。

ギターを習おうとする人は、ギターをやったことのない人には教わりません。テレワークをやったことのない人にテレワークの成功方法を尋ねる人もいません。

「私はこれまで数多くの変化を与えてきました。だから、あなたに対しても変化を提供する資格を持っています」と言い切らないと、その後のプレゼンを聞いてくれないものなのです。

ここでいう資格とは、国家資格や免許ということではなく、それをするだけの経験と実績があるのだと相手に信じさせるための裏付けのことです。

私はまだ実績がないから……、私なんて人に伝える資格を持っていないから……と思う人もいるでしょう。そうであるなら、「私」を「私たち」に変えてください。

自分が所属する団体がこれまで提供してきた実績を伝えればいいのです。クロスリバーのメンバーでも、「これまで私たちは８０５社の働き方改革を支援してきました」というようにプレゼンして、多くの契約を取ってきています。

功績として説明できないのであれば、**「時間」**を提示するのもいいでしょう。

「10年かけて培った技術力をもとに……」

「書籍8冊、35時間を費やして読書してわかったのは……」

相手へ変化をもたらしたいという情熱は、かけた時間を示すことで伝わる場合もあるのです。

調査結果などによる**「外部データ」**を使うのも有効です。

「経済産業省の調査結果では37％の企業がＤＸ（デジタルトランスフォーメーション）に取り組み……」

「1万3000人を対象にしたアンケート調査の結果では……」

などというようなデータの裏付けがあれば、相手が聞く姿勢をとってくれやすくなります。

「変化」と「資格」を最初の1分の自己紹介に含めるルールにして18社4513人が行動実験をしたところ、提案営業の成約率を22％アップさせることに貢献しました。この2つの要素は必ず準備しておくようにするべきです。

2 変化を数字で説明する

相手はみんな、ムダなくスマートに課題解決してもらいたいと思っているものです。きれいな資料を眺めたいわけではありません。「課題を抱えている今」から「課題が解決された未来」への変化を求めているのです。

まだ解決がされていない現在の状況から抜け出して、解決された状態をイメージさせることができれば、相手は行動を起こしやすくなります。

この未来イメージを具現化するのに適しているのは、数字を入れた表現です。

相手を動かすことができたプレゼンには、「数字が多く含まれていた」ことがわかっています。

とくに冒頭とまとめのスライドには数字を入れておくべきです。

数字の効果について各企業の意思決定者826人にヒアリングしたところ、「数字が含まれた表現があると納得や信頼ができるので、決定の背中を押す」ということを75％の人が答えています。

「スポーツジムへ行くと痩せるよ」と言うよりも「スポーツジムへ2カ月通うと5キログラム痩せる」と伝えたほうが、スポーツジムに入会する気にさせやすいのもそのためです。

実際に「人を動かしたプレゼン」では、提案内容や事例が数字で表現されている場合が多く、数字が提示される頻度はそうでない資料の4倍以上ありました。

テレビやウェブのＣＭでも、通信会社は「通信スピードが１００Mbps（メガビット毎秒）になり、99％の人が満足」というように数字で変化を説明します。

提示する数字は偶数よりも奇数のほうがインパクトが大きいことも判明しました。

これは「アンカリング効果」というバイアス（考えや行動の偏り）の影響です。

人は無意識にキリのいい数字に揃えようとするために、98といったキリのいい数字に近い端数や、奇数のように揃っていないように見える数字が気になって視線を留める傾向にあるのです。

もし調査やデータ、ストーリーを数字で表現できるなら、なるべく取り入れるべきです。

ただし、相手が意味を理解していないものを数字で表現しても効果は出ません。たとえば「アミノ酸が１０００個入っている」とアピールしても、その意味を相手が理解していなければ、購入にはつながりません。そのアミノ酸によって自分にどのような変化がもたらされるのかが想像できないからです。

「疲れにくくする成分が１０００個入っているチョコレート」という説明であれば、チョコレートの甘さを味わえるうえに健康にもいいのだな、と腹落ちして商品に手を伸ばしてくれるでしょう。どのような数字が相手を動かしやすいかをケースごとに考えることが大切なのです。

調査データや事例、実績や目標の数字が盛り込まれると、資料で主張する内容の信憑《しんぴょう》性が高まります。

4513人の行動実験でも、数字を使って変化を説明するように指示したところ、明らかに提案内容の成約率が上がり、その影響度の高さを実感できました。

3 Q&Aの5分で対話する

社内会議編では、会議後に最も記憶に残っていたのは最後の5分だということを解説しました。これは、プレゼンテーションでも同じことです。

相手が最も記憶に残してくれる最後の5分にQ&Aの時間を設けて、相手にたくさん話をさせることができれば、成約率が上がります。

一方的に伝達されるよりも、双方向の対話となったほうが共感は生まれやすく、その後の行動を促しやすくなるです。

コロナ禍ではオンラインセミナー（ウェビナー）を開催する企業が増えました。会場に集めて説明会をするのではなく、Zoomなどを使ってオンラインで説明会を行うものです。このウェビナーで、なんとか成約率を高めることはできないかと8社のクライアントと共同で実験を行いました。

最後の5分が記憶に残りやすいのはわかっていたので、その5分をQ&Aに充て、できるだけ相手からの質問数を増やすようにしたのも実験の1つでした。

Q&Aで質問の数が増えた場合は、ウェビナー自体が盛り上がったと感じられやすく、その後の問い合わせも増えます。

そのため、Q&Aでの質問数と、その後の成約率には相関関係があるのではないかと考えて、分析を進めました。すると、質問数（質問の数÷参加者数）と、紹介した商品やサービスを9カ月以内に購入してくれる確率には相関関係があることがわかったのです。

Q&Aで質問数が増えれば増えるほど、そのウェビナーの参加者が9カ月以内に買ってくれる比率が高くなるのです。

そこで、協力してくれた8社が主催するウェビナーでは、Q&Aでの質問数を指標化して、それを増やす工夫を重ねました。

ただ単に「質問してください」と言っても質問数は低いままです。そこで活躍社員のプレゼンテーションを参考にしました。活躍社員がよくやっていたのは、質問を促す際に、その例を示しておくやり方です。

「前回のウェビナーでは〝業種ごとに結果が変わるのですか〟といった質問が出ていました。このような質問はございますか?」というような言い方です。

質問例があれば、行動ハードルは低くなります。よくある例を示すことで「そんな質問でもいいのか」と参加者が感じ、質問が出やすくなるのです。

別の試みとしては、ウェビナーの開始直後に参加者との共通点を探るような話を入れてみました。「昨日までの大雨が嘘のように晴れ渡っていますが、皆さんはいかがお過ごしでしょうか」といった感じです。

最も共感を得たのがテレワークにおける苦労の話でした。ウェビナーにはテレワーク中に参加する人が多いので、彼らの痛みや悩みを代弁するのがいいようです。

「テレワークでご参加の皆さん、ありがとうございます。テレワークしすぎると、目や腰が疲れますよね。たまにはストレッチをしてみたり、細かい文字の情報を見ない時間を設けるなどして目を休ませてください」というように苦労を分かち合ったうえで苦痛を解消するコツなどを示してみると、参加者がぐっと入り込んできます。そうすると、最後の質疑応答でも質問が出やすくなるのです。

質問数が増えれば受注率がアップするわけですから、効果的なプレゼンテーションです。

4 対話を促す3つのショートカット

ウェビナーなどでスライドショーを使っているときなどは画面上での目線の誘導が難しく、意識のズレが起きると、双方向のコミュニケーションが難しくなります。

うまく目線が誘導できれば、相手を迷わせることが少なくなり、双方向の対話が円滑になるので、そのためのテクニックを学んでおくことも有効です。

そこでここでは、目線の誘導をしやすくする3つのショートカットをご説明します。

まず1つは**「Ctrl + L」**です。

このショートカットによって、スライドショーの中でレーザーポインターを表示することができます。

マウスポインターの赤い光が表示されるので、それをマウスで操作します。説明しているポイントに光を合わせて、どこを説明しているのかをしっかりと表示させます。聞き手が質問してきたときに、どの部分を質問しているかを示すためにレーザーポインターを使うのも効果的です。

2つ目のショートカットは**「Ctrl + P」**です。

このキーを押すと、マウスポインターがペンに変わり、手書きで線を引いたり、丸で囲ったりすることができます。スライドの一部を強調したいときや強調した部分を一定時間残したい場合は、レーザーポインターよりもペンのほうが効果的です。

このペンもマウスで操作しますが、緊張しているとマウス操作がうまくいかないこともあるので、複雑な図形を描いたりするのは避けるのがいいでしょう。

強調すべきポイントに合わせて、軽く下線を引いたり、円を1回書くくらいの用途で使用するのが適切です。

Ctrl+Eを押せば、すべてを消すことができます。

3番目にお勧めするショートカットは**「－（マイナス）」キー**です。

マイナスキーを押すと、スライドの一覧を表示させることができます。このショートカットは質疑応答のときに使える機能です。

なかなか質問が出てこなかったり、特定のスライドに対する質問があったりするときには、まずスライドの一覧を表示して、一覧にあるスライドをクリックするか、矢印キーを合わせてEnterを押せば、狙ったスライドを大きく表示できます。

1時間近くプレゼンをしていると、どのスライドにどの情報があったかを忘れてしまいがちなので、スライドの一覧を表示させることで過去の記憶をよみがえらせて、質問を促すこともできます。

スライドショーの最中は、Ctrl+LとCtrl+Pで目線を誘導し、重要なポイントを強調したり、参加者の質問パートを特定することにより、双方向の対話を行えます。そしてスライドの一覧をマイナスキーで表示させれば、質問を呼び寄せることもできるのです。

この3つのショートカットキーを使った8130人のうち7割以上の人が「相手との対話がスムーズになった」と答えているので、再現性は高いといえます。

5 スライドは持ち時間(分)×0・75枚で

対話をすることで相手の行動を誘発させられるので、伝える情報は重要なことに絞ったほうが伝わりやすくなります。

単なる伝達ではなく対話のほうが相手の行動を促しやすいということは、読者の皆さんも理解できたでしょう。コミュニケーションは「伝える」ではなく「伝わる」を目ざすべきなのです。

「伝える」を避けるということは、**自分が伝えたい内容のすべてをプレゼンテーションに含めていてはいけない**、という意味でもあります。

聞き手は、限られた時間の中で重要なことだけを聞きたいので、できる限り伝える内容を絞り、伝わってほしいことにフォーカスしたほうが結果的に相手に伝わるわけです。

プレゼンで使うカラーもスライドの枚数も、スライドに含める文字数も、絞ったほうがいいことがわかっています。

そのことは行動実験でも明確になっています。提案営業の成果にもとづいて、最適なスライドの枚数は何枚なのかを分析してみたのです。

もちろん実際は、1枚のスライドで1時間説明して大型契約を獲得したケースもあれば、50枚以上のスライドで相手をじっくり説得して、企業提携を勝ち取ったケースもあります。プレゼンする環境や相手の状況にも左右されるわけですが、スライド枚数が多くないほうが成功しやすい傾向があることは間違いありませんでした。

そこで行動実験では、持ち時間（分）×1枚で作成するパターンと、持ち時間（分）×0・75枚でプレゼンするパターンを比較検証することにしました。

すると、**0・75枚で作成したほうが成約率が高くなる傾向にあったのです。**

以前は「1分1スライド」といわれることが多かったのですが、情報が氾濫《はんらん》してテレワークで目が疲れている聞き手が多い中では、さらに少なくしたほうが好感を持たれやすいということなのです。

重要な点に絞れば、相手の記憶に残りやすく、スライド作成者の作業時間も減らせます。持ち時間を母数にしているのは、質疑応答の時間を入れないからです。たとえば60分のプレゼンテーションのうち最後の10分を質疑応答にした場合、持ち時間は50分となります。この50分に0・75を掛ければ37・5になるので、37枚もしくは38枚が適切なスライド枚数ということになります。

このスライド枚数には表紙や目次も含まれます。全体で何枚まで作ればいいのか。その限られた枚数の中で重要なことにいかに絞るか。この点が成約率を左右します。

スライドの枚数の上限がわかれば、ムダに多くプレゼン資料を作る必要もなくなります。ぜひ、持ち時間（分）×０・７５枚のスライド枚数にしたプレゼンを試して、結果を振り返ってみてください。

繰り返しになりますが、相手に伝わるように情報を絞る作業こそが最も重要なのです。

6 最強のジェスチャーは首（うなずき）

プレゼンでは相手が主役です。プレゼン後に相手に行動を起こしてもらうことこそが目的であるのを忘れてはなりません。

聞いているより話しているほうがテンションは上がるので、なるべく相手に話をさせたほうがいいのです。

非常に興味深いデータがあります。**クライアント各社の優秀なリーダーは、配下のメンバーとの対話において「一般のリーダーよりも33％深く、そして１・５倍ゆっくりとうなずいていること」がわかったのです。**

中には、オンライン会議のビデオ枠をはみ出るくらい大きくうなずいているリーダーもいました。

そうしたアクションがあれば、相手は自分の話をしっかりと聞いているのだと理解します。それによって安心できるので、話す量も増えていきます。

この「大きくゆっくりうなずきながら聞くアクティブリスニング」を、プレゼンでも活用してみました。

質疑応答で相手が質問をしてきたときに、意識して深く、ゆっくりうなずくようにしてもらったのです。６８６人で実践したところ、「以前より相手の話す時間が増えた」と答えた人が71％いました。提案内容の成功率など、具体的な成果を測ることはできなかったのですが、質疑応答での対話は加速したようです。


設計会社に所属していたある活躍社員は、自らのプレゼン力を磨くために、テレビショッピングのジェスチャーを参考にしていました。

右手を上から振り下ろして特徴を言い切ったり、カメラ目線で白い歯を見せながら話しているなど、「参考にすべき要素はたくさんあります」と教えてくれました。

この活躍社員が最も注目していたのは「首」でした。

テレビショッピングでプレゼンする人は背筋を伸ばして頭はピンと上を向いているもの

ですが、「このサプリがあれば安心して外出できます！」「1日あたりたった100円で安心と安全を手にできるのです！」などと肝心な部分を言い切った後には、カメラ目線で軽くうなずいていることが多かったのです。

それを察知した活躍社員は、専門書や論文を調べて、この「うなずき」が「ミラーリング効果」と「イエスマインドセット」を併用したジェスチャーなのではないかという仮説を立てました。

自分がうなずくことによって視聴者をうなずかせることができるというのがミラーリング効果です。また、「うなずき」はイエスというジェスチャーでもあり、話し手がイエスを繰り返すと、聞き手はポジティブな心理になっていくというのがイエスマインドセットです。

もともとプレゼンが得意であったこの人は、この「うなずき技法」を会得したことで、さらなる成果をあげていました。

「主張後の軽いうなずき」についても、同じ686人に試してもらいました。

彼らはすでに他の手法を真似してプレゼン技術が上がっていましたが、このうなずき技法を活用すると、より堂々と話をすることができるようになったのです。

うなずき技法を活用した中の78人にヒアリングしたところ、「相手の反応を気にするようになった」と答える人が多く、自らの意識変化にもつながっているようでした。

オンラインのコミュニケーションでは空気感や熱意が伝わりにくいものです。だからこそ、ノンバーバルコミュニケーションが大切になります。

中でも「首」は、共感と承認、そして説得の効果があることがわかりました。プレゼンに限らず、うなずきは活用できそうです。

うなずきについては、様々な方面から解析、実験を続けたところ、うなずきをより有効なものにする「3ルール」を見出すこともできました。


〈うなずきの3ルール〉

①意識して大きくうなずく。オンラインでの対話では、自分のビデオ画像がはみ出すくらいに大きくうなずく
②意図的に普段よりゆっくりうなずく
③相手が話し終わったと思ったら、心の中で「うん」と言ってから話し始める

この3ルールを意識したうなずきを習慣化してもらった人たちからは、「対話が楽しくなった」という声も多く聞かれています。

7 持ち時間の6割は相手の目を見て話す

聞き手は、視覚を使って多くの情報を脳に取り込みます。

大規模なセミナー会場の講演であっても、オンラインでの1対1の対話であっても、「耳」ではなく「目」で多くの情報を取り込むものなのです。

クロスリバーが2020年に行った検証では、聴衆の視線をスクリーンの文字に誘導して話をした際には90分後の記憶率は約32％であったのに対し、スクリーンの文字を見せつつ聴衆の目を見つめながら話した場合は記憶率が約48％にまで上がっていました。

プレゼンの聞き手を思いどおりに動かすには、情報が「伝わっている状態」にする必要があります。オンラインでの対話でも、ウェブカメラに向けてアイコンタクトしながら情報を伝えると、相手に「伝わっている状態」になりやすいのです。

プレゼンの得意な活躍社員は聞き手の視覚を意識して、相手と対話しながら重要なことに絞った内容を提供していました。

アイコンタクトをされるとドーパミンが分泌され、相手の記憶力とモチベーションは上がるそうです。先述の樺沢紫苑さんの著書『アウトプット大全』にドーパミンの効果についての記載があります。脳でドーパミンが分泌されるとテンションが上がり、学習効果が

図表4　　6割はカメラに目線を向けて話す

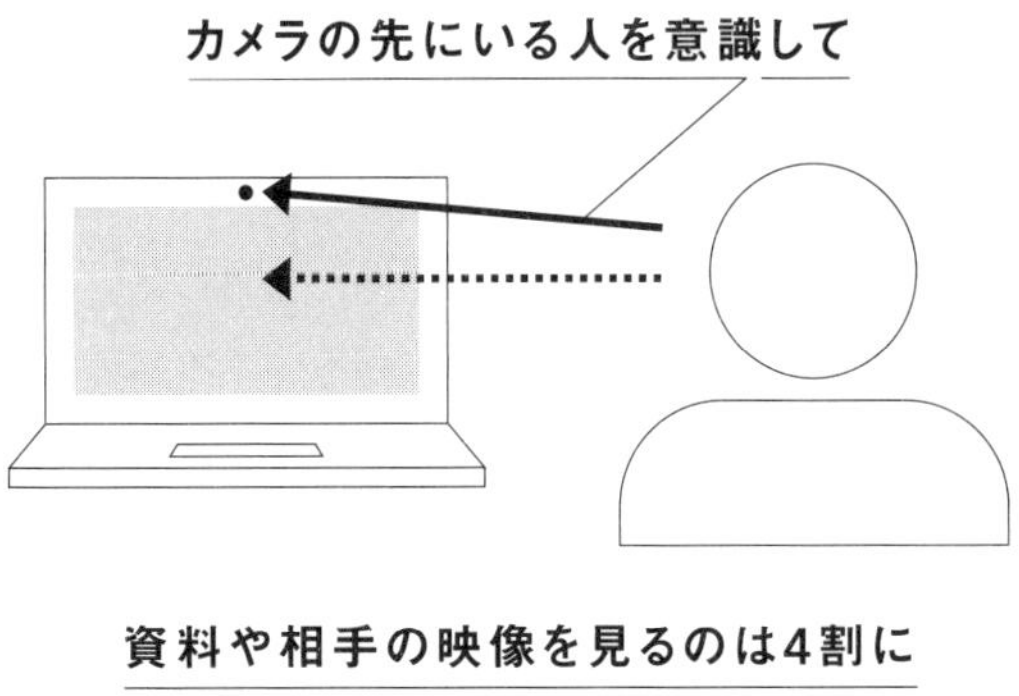
カメラの先にいる人を意識して
資料や相手の映像を見るのは4割に

高まるそうです。

クロスリバーは1万8000人のプレゼンの様子を動画で撮影して解析しました。職場の会議室で行われたプレゼンや、Zoomなどのオンラインプレゼンを5000時間以上記録してAIで分析したのです。プレゼンによって契約を勝ち取ったり経営会議で高い評価を得たりした「プレゼン成功者」と、残念ながら成果を残せなかった人との違いも比較検証しています。

すると、「プレゼン成功者」は相手を見ながら話す時間が2・7倍も長いことが判明しました。

対面してプレゼンするときは聞き手を見ながら話している時間、オンラインプレゼンであればウェブカメラを見ながら話している時間を長くしていました。**プレゼン成功者は、プレゼンの持ち時間のうち6割以上もアイコンタクトしている時間があったのです。**

一方、なかなか成果を残せない人のプレゼンを確かめると、オンラインプレゼンでは、カメラではなく相手の画像を見ながら話す傾向がありました。そうすると、話し手は下を見ながら話している格好になるので、目が合っていない状態、アイコンタクトできない状態になってしまいます。

そうした点から生まれる違いが、プレゼンの成否にも大きな影響をもたらすのだと考えられます。

8 ウェブカメラは自分の目線の高さに合わせる

相手の視線を意識してアイコンタクトする際、目線の角度も重要になります。**活躍社員は、聞き手の立場になって話すことを心がけています。下から見上げるようにしゃべったり、上からのぞき込むように話すことはありません。**

プレゼンにおいても、そうした意識を持っていました。

一般的にオンラインプレゼンでは、ウェブカメラが自分の目の高さからずれている場合が多く、聞き手からは不自然に見えてしまうことがあります。

ノートパソコンの内蔵カメラを使ってプレゼンをするときは、カメラが自分の目の位置の下になりやすく、上からのぞき込むような格好になってしまいます。プレゼン終了後に、聞き手にアンケートを取ると、「相手がどこを見てしゃべっていたのかわからない」「のぞき込むような目線は不快に感じる」といったコメントも見られます。

活躍社員は、そうした失敗はしません。失敗があったとしても、フィードバックを得てすぐに行動をアップグレードするのが活躍社員です。視線が合っていなかった、あるいは目線がずれていたと知ったなら、その点も修正します。

活躍社員の多くは、ウェブカメラの設置位置を工夫していることがわかりました。

自分が座っている椅子の高さを調整するのではなく、ノートパソコンを設置する位置を変えていたのです。

専用のスタンドや、ちょっとした小箱や座布団などをノートパソコンの下に敷いて、内蔵カメラの位置を座っている目線の高さに合わせます。

ノートパソコンのスタンドを使うと、目線が合うだけでなく姿勢が良くなるので、相手からの印象が良くなることもわかりました。

そこで、ノートパソコンもしくは外付けウェブカメラの設置位置を、座っている自分の目線の高さに合わせる行動実験を行いました。

ノートパソコンの画面が上になったことで「プレゼンしやすくなった」と答えた参加者は62％にもなりました。「自然にウェブカメラを見やすくなった」と答えた人は72％でした。

ウェブカメラの設置位置を変えたことによって、相手との目線が合いやすくなり、姿勢が良くなることで好印象を与えやすいということが確認できたのです。

9 まとめスライドで相手の行動を入れる

資料もプレゼンテーションも、目的は相手と共鳴して思いどおりに動かすことです。プレゼンでうまく話せても、相手が行動を起こしてくれなければ成功とはいえません。思いどおりにプレゼンができても、相手を動かすことができなければ評価はされません。

活躍社員はどうすれば相手の行動を促すことができるかについてじっくりと考え、作戦を練っています。

活躍社員およびプレゼン成功者の91％は「まとめスライド」を入れている、という事実もわかっています。

図表5　まとめスライドで相手の行動を入れる

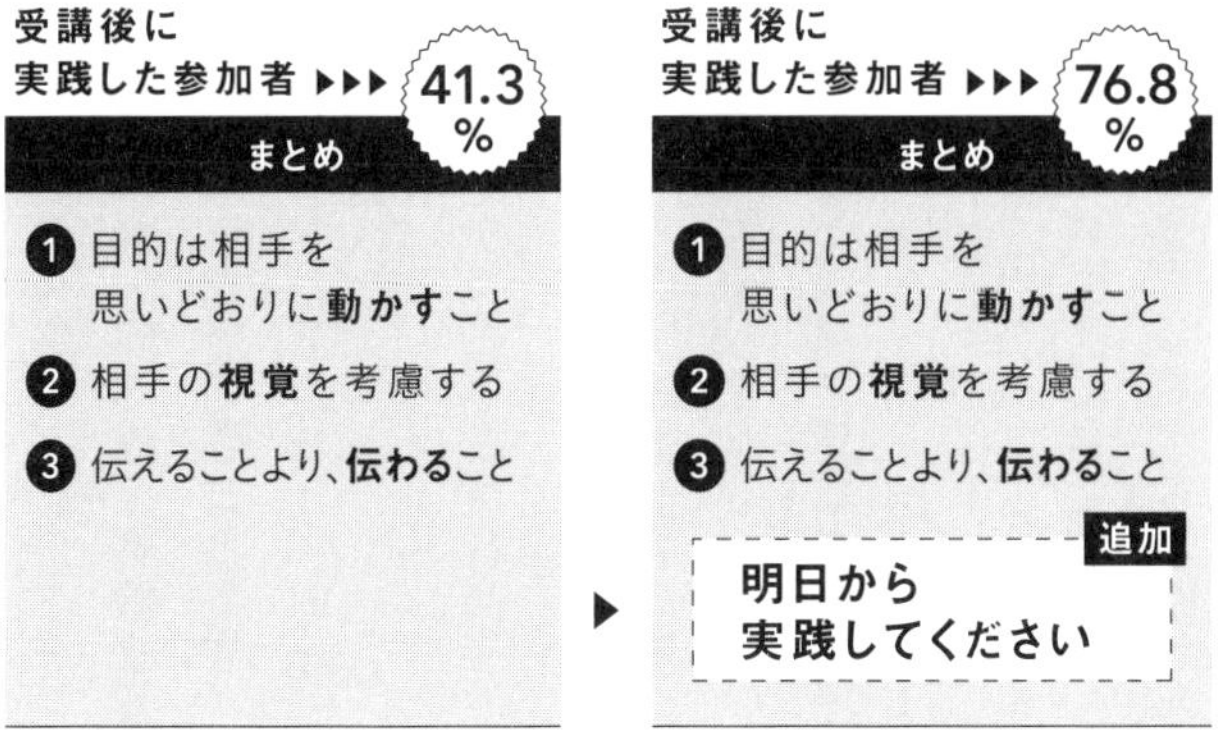

一般社員がまとめスライドを入れる比率は43%なので、導入率は倍以上になります。

そこで行動実験では、まとめスライドを質疑応答の前に入れるようにルール化しました。

それにより聞き手の理解度が約2割上がる結果が出たので、効果はあったといえます。しかし、聞き手の行動意欲が高まったかというと、必ずしもそうではありませんでした。行動意欲度のアンケート結果は5%しか高まらなかったのです。

どうしてなのかを解明するため、プレゼン成功者のスライドを詳細に分析していくと、まとめスライドの中のコンテンツに違いがあることが発見できました。

プレゼン成功者は、プレゼン後に相手の行

動を促すことを目的にしているので、相手に求める行動をまとめスライドに入れていたのです。

ただ単にプレゼンの内容を集約するのでなく、内容をまとめたうえで、相手に求める行動までを示していたということです。

「今日のプレゼンの要点は3つです」と言って終わるのと、「今日のプレゼンの要点は3つです。明日からすぐに実践してください」と言う場合を比べれば、大きな違いが出ます。後者のほうが行動意欲度は高まりやすいのは明らかで、1週間以内に行動をした人は約1・9倍にもなったのです。

こうしたやり方が、社員向けの研修や講演、提案活動などでも効果につなげやすいことは行動実験でも確認できました。

まとめスライドを必ず作ること。そのまとめスライドには相手に求める行動を記しておくこと。

この2つのルールを持って、再度、行動実験を実施したところ、理解度だけではなく行動意欲度が23%高まりました。

相手に行動を起こしてもらいたいわけですから、それを察してもらうのではなく、明確に言葉で表現することが必要であるのがわかります。

4

巻込力アップ編

1人でできることには限界があります。立ち向かうべき課題が複雑であればなおさらです。

805社の活躍社員を見てきましたが、個人戦よりもチーム戦で突出した成果を残していることがわかりました。

クライアント企業25社で社長表彰を受けた案件について調査しました。調査を開始した2017年には、社長表彰を取るほど目立った成果は個人の功績によるものが約45%を占めていたのに、2021年の表彰では、団体が表彰される比率が圧倒的に増えていたのです。

団体表彰というカテゴリーがあるわけではありません。純粋に傾向が変わっているためです。個人の功績による表彰は2021年には28%にまで下がっていました。1人では複雑な課題を解決できなくなっていることのあらわれです。

ずば抜けた成果を残す活躍社員の多くは、周囲の人を巻き込み、チーム戦で難題に立ち向かうようにしています。

いくら個人の業務処理能力が高いといっても、それだけでは対処できないことを理解しているからです。

組織で成果を出し続けようとする優秀なリーダーは、メンバー個人の力に依存することを避け、各メンバーの「強み」と「弱み」を掛け合わせて、1×1が3や4になるように工夫していました。

活躍社員は周囲のメンバーをどんどん巻き込んでいきます。

上司や、さらにその上の上司までを巻き込みながら、誰にとってもメリットがあるように成果を出していくのです。

課題を解決することを目ざし、空気を読みながら積極的に話しかけます。

会議よりも会話のほうがより迅速に課題を解決できることを知っているので、相手のプレゼンス（相手の状況が見えるITサービスの機能）を見ながら、「今ちょっとだけいいですか？」とチャットで切り込んでいきます。

こうした巻込力を他の社員にも展開し、組織全体の解決力を高めることができないかを検証するため、29社で行動実験を行いました。

効果が出たもののうち、業務へのインパクトが高かった順に**「巻込力を高める6アクション」**として紹介していきます。

1 メリットファーストの原則

活躍社員は巻き込むべき相手の懐に入り、相手の気分を良くさせながら行動を促していました。

巻込力とは、相手を思いどおりに動かすうまさを意味します。

相手が主体であると理解したうえで、相手の感情を揺さぶって行動を誘発させるのがスマートなやり方です。そのためなのでしょう。**活躍社員たちは、主語を「私（I）」ではなく「あなた（You）」もしくは「私たち（We）」にしている場合が多いことがわかりました。**

自分の損得を伝えるのではなく、相手の立場になって話したほうが相手を説得しやすいからです。プレゼンと同じ考え方です。他人に何かを依頼するときは、相手を主語にしたうえで、何がメリットで、どのような「変化」が起きるかを具体的に説明すると効果があります。実際に活躍社員はそれをしていました。

「このプロジェクトを成功させることで、会社のブランド力、そして関わったメンバーみんなの認知度を高めていきたいんです」というような言い方もそうです。こうした表現にすると、提案者の自己中心的な依頼ではないと捉えられます。そうすれば相手の警戒心は抑えられるので、その後に依頼を聞く姿勢が整いやすいのです。

相手のメリットが具体的に説明できなければ、私たち（We）を主語にして話すと共感が生まれます。

「最後のひと押しは、私たちでなんとか成し遂げたい」

私（I）ではなく、私たち（We）で成し遂げたいと言えば、一方的な指示ではなくなります。相手の興味・関心を引き出して一体感を持って進めていくことが重要なのです。

社内の事務連絡では、ついつい「これをやるべき」「やって当然」という前提で依頼してしまいがちです。そのような上から目線の依頼ではなかなか協力してもらえません。

たとえば次に挙げる事務連絡では、従った社員はわずかでした。

「新たなデータ分析ツールを導入します。2月から以前のツールは使用できなくなりますので、全員、社内説明会に参加してください。参加登録はこちらです。参加できない方は説明会の録画と資料を見て自分で学ぶようにしてください」

ある広告代理店で実際に使われた事務連絡です。

この段階で説明会への参加登録が12％にしかならなかったので、さらなる参加者を募る必要がありました。そこで活躍社員が実践していたように、冒頭で相手（社員）のメリットを入れてみることにしました。

「皆さんの作業時間を20％以上減らすために新たなデータ分析ツールを導入します。2月から以前のツールは使用できなくなりますので、全員、社内説明会に参加してください。参加登録は30秒で完結します。説明会の録画と資料は後で閲覧できますが、説明会では担当者に直接、質問ができます」

相手のメリットとして「あなたの業務効率を20％以上あげる」とまず明言したわけです。新たなＩＴツールについては、新機能や自動化によって作業効率が20％高まるというエビデンスが出ていたので誇張した表現ではありません。

「参加登録は30秒で完結します」というように作業が面倒でないことを示したうえで、最後には「担当者に直接、疑問点を聞くことができる」というメリットも書いてあります。この言葉も背中を押すことにつながっているはずです。

この依頼文に変えたところ、75％の社員が説明会に参加登録し、69％が実際に参加しました。

相手を主語にして、相手のメリットを伝えることで、「相手を巻き込める」のがわかる結果です。

2 同情ではなく共感する

会社を辞める（転職する）理由の第1位は「人間関係」によるものです。

コミュニケーションで問題が起き、不満も不安も高まっていくと人間不信になり、関係がギクシャクして居心地が悪くなります。

テレワークと出勤を取り混ぜるハイブリッドワークでは、情報共有よりも感情共有が必要になります。チャットやオンライン会議によってドライで表面的な会話をするだけでは、心から信頼し合ったり熱意をともに高めていくことが難しくなります。

しかし活躍社員は、ハイブリッドワークであっても人間関係をうまく構築しています。うなずきや相槌をうまく使いながら、ノンバーバルコミュニケーションで相手の懐に入り込んでいきます。自分が腹を割って自己開示し、相手にもそれを誘発させる「好意の返報性」も使いこなしています。

彼らは「トラブル対応で大変そうだな。自分のせいじゃないのに大変だな」といった類いの声掛けはしません。苦労している相手に上から目線で口出しをしたりはしないのです。同期のライバルが苦戦を強いられているときに、自分のほうが幸せだと感じる相対的幸福にも興味がありません。そもそも人と比べて自分を評価することがないのです。

マウンティングしてねぎらいの言葉をかけたりするのは、他人事《ひとごと》だと捉えているための同情です。自分のほうが上の立場にいると自覚し、寄り添うことなく遠くから声をかけても相手には響きません。同情の言葉を投げかける人とは深い信頼関係は構築できないものなのです。

活躍社員が大切にしているのは同情ではなく共感です。

相手に興味・関心を持ち、一緒に向き合って感情や価値観を共有します。テレワークの場合は、会話が減り、感情共有が難しくなるので、意図的なアクションも必要になります。

優秀なリーダーはメンバーに共感を示して、まずじっくり受け止めます。メンバーの考えを頭ごなしに否定することはしません。まずは聞き入れます。いきなり解決策を提示することもなく、メンバー自身が気づきを得るための時間にします。メンバーに関心を示して、丁寧に掘り下げていくのです。質問する際は、YESかNOのクローズドクエスチョンではなく、「どう思うか？」「なぜそう思うのか？」のオープンクエスチョンで、メンバーの考えを深めていきます。

クライアント企業39社に協力してもらい、オンライン会議での「共感」実験も行いました。
発言者の意見に対して、「いいね」「スマイル」などの絵文字やスタンプをたくさん送るように推奨してみたのです。とくに最初に質問する人や新人が話すときには、割れんばかりの拍手アイコンを送るようにしました。

拍手は、アイコンだけでなく、数字の8の連続投稿=「８８８８（パチパチパチパチ）」で送るようにしたので、チャット画面が8で覆いつくされることもありました。

勇気を出して発言したときに多くの８８８８が送られてきたら嬉しいものです。

こうした感情共有を受けた人の会議満足度は85%以上になり、テンションが高まっていたことが判明しました。また、感情共有により空気が温まり、発言数も発言者数も10%以上増えたことがわかりました。

オンライン会議で行った感情共有の効果は会議後も継続します。チャットにおいても「今ちょっといいですか?」と声掛けしやすくなるなど、「孤立感が減って共同作業がはかどるようになった」というアンケート回答も見られたほどです。

3 競争ではなく共創する

先に説明したとおり、触発の効果でモチベーションを高めることができます。

一度ジャンプ力を失ったノミのジャンプ力を元に戻すには、ジャンプするノミを近づけることです。

高くジャンプするノミを見て刺激を受け、自分もそこまでジャンプできるのではないかと信じてジャンプしてみると、元のジャンプ力に戻るということです。

仲間の動きを見て触発されて自分の能力を開花させることができるのです。

一連の行動実験は、個人ではなく複数人で行いました。なるべく複数の部門で行うようにして、お互いが「触発」し合うようにしました。

各部門が行動実験しているかどうかを社内ポータルサイトで見えるかたちにしました。これは各部門同士で競わせることが目的ではなく、触発し合って行動を促し、新なスタンダードを共に創っていく「共創」文化を育むためです。

前述のとおり、クライアント企業25社で社長表彰を受けた案件について調査しました。

２０１７年は個人に対する表彰は45％でしたが、２０２１年ではその比率が28％に落ちました。団体表彰は２０１７年の55％から72％に増えていました。

団体賞を受賞した案件を見ると、関わる組織が年々増えていく傾向にあることがわかりました。たとえば、以前は営業部のみで受賞していたのが、営業部と開発部、人事部、経理部と関わる部門が多い案件は受賞しやすいことが判明しました。

個人では複雑な課題が解決できなくなってきました。様々な能力のあるメンバーを巻き込んで、複雑な課題を解決し大きな成果を残すことが求められていることの証《あかし》です。

他の部門を巻き込んで一緒に同じ行動実験を進めたほうが継続しやすいことも判明しました。

競争ではなく共創によって行動を進化させることができ、より大きな成果を生み出せるのです。

4 ギブファーストと貸しは分ける

より多くの人を巻き込み、複雑な課題を解決していくためには、人から好かれる必要があります。

共感と信頼があってこそ、人は集まってきます。

いきなり人を集めようとしないのも活躍社員の特徴です。

いくら豊富な経験を積んでいて、専門性が高い正確な情報を持っていても、利己心や虚栄心が大きければ人は集まりません。利己心や虚栄心は抑えられていて、正義感を持って理想の社会を実現させようとする人のほうが人を集めやすいものです。

自分から率先して人を助けてあげることをギブファーストといいます。常にそれができるようにするため、貢献できることには貢献するマインドを持つことは大切です。

そうした行為をしたときに「貸しを作った」と考えてしまうと、人を巻き込むどころか、人は離れていってしまいます。

調査結果では、打算的な支援を嫌がるビジネスパーソンは78％になりました。基本的には誰でも、打算が目につく行為は嫌うものです。

人に貢献したいと考えるだけのギブなら、ギブしたことを自分で忘れるくらいでもいいのではないでしょうか。

見返りを求めての好意であるなら、ギブではなく貸しであることを「最初から言葉で伝えたほうがいい」と考えている人が多いことも調査でわかりました。

「過去にギブしてあげたから、今回はこっちにギブしてよ」と言われると、気持ち良くお返しできないものです。時間が経過してから、あれはギブではなくて貸しだったんだよ、と言われるのも同じく共感しにくいです。それよりむしろ、「ギブ」なのか「貸し」なのかは最初からはっきりさせておいたほうがいいのです。

8社でKudosという感謝し合う実験を行いました。お礼を伝えるKudosメッセージの書き方のルールとして、「ギブ」か「貸し」かを明確にすることにしました。Kudosとは英語で「称賛」の意味で、前職のマイクロソフトで使用していたものを参考にしてアプリを制作しました。社内で誰かに助けてもらったときには、このアプリを使って、お礼のKudosメッセージを送ります。

Kudosメッセージは、助けてくれた本人だけでなく、その上司にも自動的に配信されるように設定しているので、上司なども、影の貢献を知ることができます。

このアプリでは、お礼メッセージに対する返信もできる仕組みにしているので、助けた見返りを求めたいときには、それを返信に書いておくことをルール化しました。「今度は○○案件で協力してくれたらありがたいです」というように最初から書いておくわけです。

最初のうちは見返りを書くことに躊躇《ちゅうちょ》する人が大半でした。しかし、時間が経った後に見返りを求めると、双方ともに不快に感じやすいものだとわかってくると変化が出てきました。「見返りではなく、ウィンウィンの関係の構築」を望んでいるのだというイメージに変わり、実際に助け合うメンバーが増えていったのです。

人に対して何かしらの貢献をしたとき、それをひそかに貸しだと考えておくよりは、ウィンウィンの関係に変えていくように意識したほうが健全な関係を築きやすくなります。そのことが実験を通しても確かめられたのです。

5 倒置法で能力を褒める

活躍社員は多くの人を巻き込むために、強引に言うことを聞かせようとするのではなく、相手を心地よくしながらウィンウィンの関係を作っていこうとします。自分の思いを一方的に主張するのではなく、主張を受け入れてもらえるように、まず相手が聞く姿勢をとってくれるように整えます。

そのためにやっていたのが、相手を「褒める」、相手に「感謝する」ということです。**活躍社員が「ありがとう」と発する頻度は一般社員の8倍以上になります。**

また、活躍社員の褒め方には特異点が2つ見つかりました。

1つ目は褒める対象です。

一般社員が褒めることが多いのは、自分の視覚に飛び込んできた情報です。

「○○さんのシャツは素敵だね」

「○○さんはダイエットしてスマートになったね」

そのように言われれば確かに嬉しいものです。しかし、アンケート調査でわかったのは、相手との関係性が深い場合にはそうした言葉を素直に受け止められても、まだ関係構築ができていない場合は、多少なりとも疑ってしまうということです。

警戒心があると「シャツは素敵だね」の「は」が気にかかり、「シャツ以外は素敵ではないのだな」という穿《うが》った捉え方をすることもあります。

「痩せてスマートになったね」と言われれば、「最近まで太っていたと思われていたんだな」と受け取る人もいるのです。

活躍社員はそういう捉え方をされないように、相手の反応を見ています。相手を褒めたつもりでいたときに少しでも表情が曇ったと感じれば、すぐに修正して、違う褒め方をします。そうした修正を重ねてきたことで、褒める対象も一般社員とは違うようになっているのです。

同じようなことを言いたいときにも、活躍社員は次のように褒めます。

「そのシャツを選ぶセンスが素敵だね」

「スマートになるまでダイエットを続けたなんてすごいね」
「シャツのデザイン」を褒めているのではなく、そのシャツを選ぶ「センス」を褒めているのです。また、現在の体型ではなく「そこに至るまでの努力」を褒めることで、相手の能力を承認しています。

所有物や外見ではなく、センスや能力を褒めたほうが相手を快適にさせることを学んでいるからです。

相手が心地よくなれば、その後に話を聞いてくれる準備も整います。

2つ目の特徴は話す言葉（文章）の組み立て方です。

活躍社員は、相手を褒める際に「倒置法」をよく使います。

倒置法は、あえて通常とは異なる語順で話すことで印象を強める表現技法です。倒置された語句を強調して感情的に伝える効果もあります。

「そのシャツを選ぶセンスが素敵だね」と言うのではなく、「素敵だね、そのシャツを選ぶセンスが」というように、倒置法を使った言い方をするわけです。

こうした言い方をされたほうが、言われた側は印象に残しやすく、テンションが上がるようです。

「素敵」というワードが強調されて、ポジティブな気分になるからなのでしょう。

倒置法の利用頻度の差は定量的に計測できなかったのですが、クロスリバーの調査メンバーによれば「相対的に多いのがわかる」ということでした。

外見ではなく能力や感性などの内面を褒める。たまに倒置法を使ってポジティブワードを強調する。

こうした褒め方が効果的であることは、周りを巻き込む活躍社員の成果を見れば明らかです。

6 EQとJQを意識する

モノ消費からコト消費へと変わり、会社に言われたことだけをやるのではなく、自分たちで工夫して課題を解決することが求められる時代になっています。

1人では複雑な課題を解決することができず、より多くの人を巻き込んで対処する必要があるので、EQ（Emotional Intelligence Quotient＝心の知能指数）が重視されるようにもなっています。

チームのリーダーにはEQが高い人が求められるようになっているのです。

決して緊急度が高くないことでも、「将来のために必要なものだ」と考えられたときには、持ち前のEQを使って適切なコミュニケーションを行い、同僚たちを鼓舞して活動に参加させます。

勉強会を開くとき、彼らがやるのは、社内掲示板やメールを使って周りに知らせることだけではありません。彼らは役職者に限らず社内で影響力のある人のもとを訪れ、活動の必要性を熱く語って説き伏せます。そういう熱意に触発されるからなのでしょう。「あの人が主催しているから」「あの人が参加するなら」と勉強会に足を運ぶ人たちも自然に増えていきます。

さらに課題が複雑で、答えが複数あるようなケースでは、EQに加えてJQ（Judgement Quality＝判断力、正義感）が求められます。強いJQを持つ人がいてこそ、チームが1つにまとまります。

JQは、名和《なわ》高司《たかし》氏（一橋大学ビジネススクール客員教授）が、著書『コンサルを超える問題解決と価値創造の全技法』（ディスカヴァー・トゥエンティワン）で紹介している能力です。

何が価値なのかを判断できるJQを持つと優秀な人が集まります。

利潤を追求するだけでなく、社会貢献や利益還元といった正義感を持ち、メンバーを巻き込んでいきます。

実際に活躍社員の多くはＪＱを持ち、多様性あふれる横断的なプロジェクトを率いて複雑な課題を解決していました。

18社を対象に行った実験ではそれを見習い、ＪＱを意識した組織横断型のプロジェクトを推進しました。１つの部門だけでは解決できないようなプロジェクト、たとえば災害復旧活動や１００周年記念行事、オープンイノベーション活動などについては社内の英知を集めて行う必要があります。複数の部門から選出されたメンバーを束ねて、同じベクトルに向かって進めていく必要があるわけです。

そこで、プロジェクトリーダーは最初のキックオフミーティングでＪＱを意識して、プロジェクトの意義・目的を丁寧に説明してメンバー全員の合意を取るようにしました。持続可能な社会を実現する意義などは何度も繰り返し発言して、メンバーの士気を高めながら進めていくことで成功に導くことができました。

各社で社内表彰をもらうような案件は、このような組織横断のプロジェクトで成し遂げたものが増えています。途中で挫折するプロジェクトも多く、プロジェクトを正しく継続させることがいかに難しいかを物語っています。価値観が違うメンバーやミッションが異なる組織を束ねるのは至難の業です。

それでも実際は、多様なメンバーを巻き込んでいかなければ解決できない課題が増えています。今回の実験を通じて、意義や目的を腹落ちさせるJQの必要性は今後も高まっていくことが強く実感されました。

5

対話編

会社で同僚を巻き込み、社外にも人脈を広げてスキルアップしていくためには、説明する能力だけでなく、人を魅了する対話力が必要になります。

優秀な社員は、能力や実績を見せつけてなかば強引に協力を求めるのではないかというイメージもあるかもしれませんが、そうではありません。むしろ謙虚で、過去の実績をひけらかすことなく、未来に向けた思いや相手のメリットを考えながらじっくりと対話を重ねていくものなのです。

巻込力が高く、チームで目標を達成する活躍社員の対話術をＡＩ分析で取り出し、それを再現する実験を行いました。

感性や感覚によるものは真似することが難しくても、**定量的な法則や学説などを引用して再現したケースは、比較的成功しやすいことがわかりました。**

この対話編では、再現に成功した11の実験結果について紹介していきます。

1 相手のエネルギーを高める

今回の再現実験に参加してくれた25社のうち19社は、1ON1ミーティングを月1回以上行うことをルール化していました。

クロスリバーでは、毎年、業務委託を受けたクライアント企業の働きがいを調査しています。過去4年半で404社に提供し、その経過を追ってきました。1ON1ミーティングなどでコミュニケーション頻度が増えたチームのメンバーは、働きがいが増えています。

私はかつて日本企業に所属していましたが、社内で高い評価を得る人には話し上手が多かったものです。様々な会話の引き出しを持ち、プレゼンテーションも秀逸でした。しかし、最近の活躍社員は様子が違うようです。

話し上手というよりは、聞き上手という印象を持ちました。

「話すことは苦手」と答える活躍社員が43%もいたのです。

活躍社員に共通していたのは、相手にしゃべらせる努力をしていたことです。

初めはしゃべることを躊躇《ちゅうちょ》してしまう人も多いのですが、一度しゃべり始めると相手のテンションが高まっていくことを活躍社員は知っています。

思いを1つにして、対話によって説得するためには、相手の温度感を上げていかなくてはいけません。そこで活躍社員は、対話相手になるべく話をさせてエネルギーレベルを上げているのです。

たとえば、一対一で対話する際は自分が聞き役に徹し、相手に7割以上話をさせるように巧みなコントロールをしていました。

1ON1ミーティングでは、沈黙が続いたり、部下が下を向いて何も話さなくなるケースもよくあります。そうすると、上司側がたくさん話してしまい、なおさら部下が萎縮します。それでは部下のテンションを上げることができないので、質問術を使ったり相手の心理状態を察したりして、「話をさせる」ことが必要になるのです。

一般の管理職は部下に話をさせようという考えがありません。一方で、優秀なリーダーや活躍社員は「相手が話す比率を自分よりも多くする」という目標を持って対話に臨んでいることがわかりました。

一対一の対話の後に参加者に満足度を調査したのですが、やはり話した時間が多いほうが相手の満足度を上げやすいことがわかりました。

18社を対象にした行動実験では、一対一の対話の際は「相手に7割以上話させる」というルールを課して、2カ月続けてもらいました。

一対一の対話が浸透するのは難しいようで、2カ月で十分に対話ができたと答えた人は半分程度でした。しかし、根気よく対話を行い、相手に7割以上話させることに努力した参加者たちは、その効果を実感できたようです。

相手に7割以上話させた後に、相手のエネルギーレベルが上がることを感じた実験参加者は67%になりました。

とくに、良好な人間関係を構築できていないメンバーとの対話においては、頭ごなしに行動指示したり、いきなり解決策を打診したりするよりも、相手の話を聞くことに集中し、共感を示しながら相手のエネルギーレベルを上げていくことで、結果的に説得することに成功したというケースが続出しました。

「相手に7割、話させる」これを目標に進めていくことが間違っていないことが確認できたのです。

2 3つの脳内ホルモンを理解して話す

先にも書いたように、樺沢紫苑さんの『アウトプット大全』には、脳内で分泌されるホルモンの説明があります。このホルモンを理解して行動実験すると、再現性が高いこともわかっています。

とくに注目したいのは、幸せ物質であるドーパミンと、緊張物質であるノルアドレナリ

ン、そして、ストレスを増やしてしまうコルチゾールという3つのホルモンです。

これらの特性を理解したうえで行動実験を進めていくと、ルール化しやすく、成果にもつながります。

活躍社員がこれらのホルモンについて深く理解しているわけではなかったのですが、彼らの言動を抽象化する際、これらのホルモンの働きを理解しておくと、標準的なルールを作りやすくなりました。

たとえば、ドーパミンの働きを理解することによって、活躍社員がオンライン会議でビデオカメラを見る比率が高いことも理解できます。

目を見て話すことによって相互にドーパミンが分泌され、モチベーションが高まるとともに学習能力が高まります。ただ単に自分の顔を表示したいのではなく、相手と心地よく対話をするためにビデオをオンにして、目を見つめるようにしながら話しているのがわかりました。ずっとウェブカメラに向けて話しているというよりは、こまめにウェブカメラに向けて話しているという印象です。

ウェブカメラをお互いオンにして長時間話すと、コルチゾールというストレスホルモンが出やすくなりますが、対策は打てます。

冒頭2分の雑談のときだけビデオをオンにしたり、質疑応答で質問者だけビデオをオンにするなど、時間を絞ることによってコルチゾールの分泌を避け、モチベーションを高めるドーパミンを分泌させることもできるのです。

緊張物質のノルアドレナリンも、仕事のパフォーマンスを高めるうえで役立ちます。人は、多少緊張しているほうがスポーツでも勉強でも仕事でもパフォーマンスが高まります。リラックスしてだらだらとした感じで人の話を聞くよりは、背筋を伸ばして聞き始めたほうが頭に入りやすい感覚を持ちやすいことでしょう。それがノルアドレナリンの効果です。

社内会議編でも説明したとおり、相手の名前を言って緊張感を持たせることや、アジェンダを共有して意義・目的を腹落ちさせることは、ノルアドレナリンを少しだけ分泌させる効果があるようです。

プレゼンテーションでも資料作成でも同じことがいえます。

相手に向けて「これは聞いておかないと損しますよ」というようなコメントを入れると、相手の緊張感はやや高まります。また、「この資料を45分で作り終える」と設定すれば、緊張感を持ちながら締め切りに向けて効率を高めようとします。

対話の中でもこのノルアドレナリンはとても有効でした。チャットやメールであれば軽い会話になりがちですが、あえて相手の名前を書いておけば閲覧率が高まります。

一対一の対話の中でも、前半は相手の名前を多用したほうが対話に集中してもらいやすいこともわかりました。

定量的成果を測ることはできなかったのですが、「スズキさん」「ヤマダさん」といった「さん付け」をして、相手の名前を対話中に意識して呼び上げることで対話がスムーズにいくことはアンケート結果からもわかっています。

こうしたホルモンの働きを参加者メンバーに理解してもらいながら対話実験を進めていきました。

3 相槌のバリエーションを2つ以上に

成果の最大化を目ざす活躍社員は、周囲を巻き込んで味方にしていきます。相手に思いを伝え、行動を促すためには対話が必要です。対話は、一方的な発言ではなく双方向の対話にすべきなので、話すこと以上に聞く姿勢が重要になります。

すでに解説しているように、活躍社員は話し下手であっても聞き上手です。

ただ単に聞くことが目的ではなく、相手に興味・関心を持って、さらに掘り下げていきます。聞き流す素振りを見せれば相手のテンションは下がり、一緒に行動していく気が失《う》せてしまう可能性があります。

相手のメリットを考えながらウィンウィンの関係を構築していくことを目ざす活躍社員は、聞く姿勢に特徴がありました。

とくにオンライン会議で目立ったのですが、しっかり話を聞いているということを、意識的に相手に伝えていたのです。

同意や反対ははっきりと相手に伝えます。納得したことなどは感情豊かに表現していました。一般社員との比較で特徴的だったのは相槌のバリエーションの多さです。

相手に7割以上を話させることを目ざす活躍社員は、相手に気持ち良く話させるために、自然と相槌のパターンが多くなっていたのです。

たとえば、相手の話を聞いているときに「はい」「はい」「はい」「はい」と、「はい」を繰り返していけば、相手は聞き逃しているんじゃないかと考えるかもしれません。適当に聞いているんじゃないかと疑われることもあるでしょう。活躍社員は聞き上手なので、そうはなりません。「はい」「なるほど」「そうですか」「いいですね」「ええ」「やっぱりいいですね」というように相槌のバリエーションが多く、相手に気持ち良く、長く話させることに成功していました。

活躍社員は感覚的にやっているようですが、意識してバリエーションを増やすことはできます。

行動実験の中で、相槌のバリエーションを増やしてくださいとお願いしても難しいので、「相槌はワンパターンになるのを避けてください」「相槌のバリエーションは2つ以上にしてください」ということをガイドラインにしました。その結果、95％の参加者が実践してくれました。

「はい」「はい」「はい」とワンパターンの相槌にするのはやめ、少なくとも2パターンにしただけで、相手の満足度は向上しました。

相槌のバリエーションを増やしたことによって、相手が話す比率も15～18％ほど上がりました。相槌の問題がすべてではないにしても、相槌に気をつけることによって相手のテンションが上がるのは間違いないと思います。

4 ねぎらいの言葉でスタートする

上司と部下の一対一の対話で、かしこまった状況になると、言いたいことが言えなくなります。腹を割って話せる心理的安全性が担保されないと、不必要な気遣いによって生産性が落ちることは25社の実験でもわかっています。

カジュアルな1ON1ミーティングに慣れていない管理職は、どうしても「よろしくお願いします」という言葉で始めてしまいがちです。

一般社員に匿名回答でヒアリングをすると「面談のような雰囲気になると会話ができない」「評価されていると思うと口数が少なくなる」といったコメントが出てきました。

活躍社員や優秀なリーダーの場合はどうかといえば、「よろしくお願いします」と言って会話を始めるケースは少ないことがわかりました。

「よろしくお願いします」と始めると、相手が面談だと思って心を閉ざしてしまうのがわかっているからです。**活躍社員たちは「今日は時間をとってくれてありがとう」というような感謝やねぎらいの言葉をかけることから始めていました。**

最も効果的なのは間接承認です。

「ヤマダさんがあなたのことですごく感謝していたよ、ありがとうね」といった言葉がそうです。こうした間接承認は相手のテンションを大きく上げることがわかりました。

実際の1ON1ミーティングの中でも取り入れる実験をしています。

「よろしくお願いします」を禁止して、「ありがとう」や間接承認から始めるようにすると、対話のスタートが順調になることが確認できました。面談のような雰囲気にはなりにくいので、すぐに会話に入っていきやすいのです。

定量的な効果は測れなかったのですが、「よろしくお願いします」を禁止したことに同意した管理職は78％いて、実際に実践してくれました。その効果は実感できていたのだと思われます。

5 関係性によって座る位置を変える

一対一で対話をする際は、座る場所によっても相手の捉え方が変わることもわかりました。

真正面に座ると対決姿勢になって、言い争いが多くなると活躍社員から聞きました。一方で、面接時や関係構築のできていない新人と話をするときは正面に座ったほうが信頼度を高めやすいと、活躍社員がコメントしていました。

さらに驚かされたのは、ある優秀なリーダーがやっていたことです。

その人は、自分の画像をオンライン会議で表示する際には、近づけたり遠ざけたりする工夫をしていたのです。そのリーダーに細かくヒアリングをすると、相手との関係性によって座る位置を変えているのだと言います。

相手と関係性が深ければ少し遠くに座って威圧感を与えないようにします。逆に、初めて話す相手などには、ややウェブカメラに近づいて大きくうなずきながら、相手の心理的安全性を確保しようとしていたのです。

人間関係が浅ければカメラの少し近くに座り、近しい関係にあれば少し遠くに座る。

このやり方を他の管理職にも試してもらいました。

1ON1ミーティングでは、空気感が伝わらずなかなかスムーズにコミュニケーションができないものです。とくに部下は、言いたいことが言えなかったり、下手なことを言うと評価が下げられるのではないかと思って口数が少なくなりがちです。

オンライン会議サービスを使うと気軽に対話ができるものの、空気感は伝わらず、関係性を深めることは難しいものです。

そこで、前出の優秀なリーダーがやっていたように、相手との関係性によってカメラとの位置を変える方法を他の管理職にも試してもらったのです。

相手とすればなかなか気づきにくいのではないかとも思われましたが、部下がオンライン会議のビデオをオンにするケースは予想以上に増えました。

腹を割って話せない部下は、ビデオをオフにして話すことがあるのですが、上司がビデオをオンにして近くで話すと、自分もビデオをオンにする。そういう部下が増えているのが確認できたのです。

「ビデオをオンにして対話することが増えた」と回答する管理職は27％いました。

相手との人間関係の深さを意識すること。相手に配慮してウェブカメラとの距離を調節すること。これは結局、相手に興味・関心を持って、相手を主役として対応しようという姿勢のあらわれです。

そういった思いが相手に伝わると、対話もスムーズになるのではないかと思います。

6 擬音語・擬態語を使ってイメージを一致させる

対話においても、「伝える」ではなく「伝わる」を目ざさなければなりません。相手が主役と考えたうえで、相手に自分の思いが伝わらなければ、思いどおりの行動を起こしてはもらえないからです。

「伝わる」とはどういうことでしょうか。

伝わった状態の定義について行動心理学を専攻する学者に聞いたところ、「イメージングの一致」だと教えてくれました。人は、伝えたいことがあると、まず頭の中で静止画もしくは動画のイメージを膨らませるそうです。そこでイメージした静止画もしくは動画とまったく同じものが相手の頭の中に浮かんだら「伝わった」、つまり「イメージが一致した」ということになるのだそうです。

相手の頭にイメージされたものは、静止画よりも動画のほうが記憶に残りやすいということも教えてもらいました。

相手に同じイメージを持ってもらうためには、手段として言葉や文字を丁寧に表現する必要があります。

たとえば「あのイベントはうまくいかなかった」と言っても、どのイベントを指すかがわからなければ頭の中でイメージができません。一方、「先週の木曜日に名古屋で行ったイベントは、参加人数が少なくてうまくいかなかった」と言えば、名古屋の会場をイメージしてその中で空席が目立つ状況を想像できます。

活躍社員も、とくにテレワーク中は丁寧に言語化することを意識していました。

約2万1000人のチャットやオンライン会議の発言投稿履歴を分析したところ、**活躍社員は指示代名詞を使っている比率が低い**こともわかりました。「あれ」「これ」「それ」といった言葉を使うことが極端に少ないのです。

目の前にメンバーがいれば、「あれ」「これ」「それ」で伝わることもあるかもしれません。

しかし、目の前に相手がいないオンラインでは、しっかりと言葉で表現しないと伝わらないのです。

「このリンゴが……」と言っても、それが赤いのか青いのかは、見てみなければわかりません。しかし「私が食べた真っ赤でツヤツヤしたリンゴは」と言えば、赤くて新鮮なリンゴを手にしている状況を相手はすぐにイメージできます。

形容詞や副詞、擬音語や擬態語を使えば、相手にそのものを鮮明にイメージさせられるということも、行動実験でわかりました。

たとえば雑談では、飲食の話で盛り上がることが多いのですが、食べたものを形容詞や副詞、そして擬音語や擬態語を使って表現すれば、相手に伝わりやすいのです。

「サンドイッチを食べた」と言うよりも「セブン-イレブンで買ってきたシャキシャキレタスのサンドイッチを食べた」と言ったほうが、相手に正しくイメージさせることができます。

「ツヤツヤ」や「シャキシャキ」などの擬態語やカジュアルな口語を使うと、なお伝わりやすくなることもわかりました。

上司から「プロジェクトの旗振りをしてくれてありがとうね、このまま続けてくださいね」と言われれば嬉しいものです。しかし、優秀なリーダーは形容詞や副詞、擬音語や擬態語などの言葉を使って、さらにメンバーのテンションを高めていました。

「プロジェクトをしっかりと進めてくれて、本当にありがとうね、どんどん進めていいからね」

「ありがとうね」と言うよりも「本当にありがとうね」と言われたほうが嬉しいものですし、「続けてください」と言われるより「どんどん進めてください」と言われたほうが背中を強く押されている感覚になります。

そこで、一対一の対話や社内会議で行う冒頭2分の雑談では、擬音語などを意識して使うようにする実験を行いました。

初めは戸惑って、発言がやや長くなる傾向にあったのですが、擬音語などを意識して使うことによって「相手に伝わるようにしようという思いが高まった」というコメントが参加者から寄せられました。

相手に伝わるようにするためには、擬音語や副詞などが有効だということを意識させることができたのです。擬音語などによる表現がどれだけ増えたかは測定できませんでしたが、**「擬音語などを使えばイメージを一致させやすくなる」**ということは実験参加者に理解させることができたのです。

7
メモを取りながら聞く

約1万人の活躍社員をヒアリングしていて、メモを取る人が多いことに気がつきました。中には自分を「メモ魔」だと称して小さなメモ帳を見せてくれた人もいました。それも複数の活躍社員です。

経営者にもメモを取る人は多くいました。活躍社員も経営者も、私の発言などをメモしてくれているのです。恐縮してしまいますが、「しっかり聞いてくれて、記憶に残そうとしているのだな」と気分が良くなります。

調査を通じて、メモを取りながら話を聞くことの効果が3点あることがわかりました。

① 聞いている姿勢を示す

② 運動記憶によって忘れにくくなる

③ 冷静になれる

相手の話を聞いていないとメモは取れず、記憶に残そうと思わなければメモを取りません。記憶に残らなければ、相手の話を活用することもできません。

聞く姿勢、記憶して活用しようとする姿勢は相手に伝わります。

自分に対して興味・関心を持ってくれていると感じ取れたなら、相手は心を開いて話してくれます。

聞いたことを自分の行動に活かすためには忘れないようにする必要があります。メモを取れば忘れることを防げます。

メモには「運動記憶」という効果もあります。何かしらの筋肉を動かしながらインプットすると記憶に残りやすい、というのが運動記憶です。手書きであっても、キーボードを叩いて入力していても、手を動かしているので運動記憶になります。ただ聞くだけよりも、そうしてメモを取ったほうが長期記憶になりやすいのです。

会議や対話の中では感情がぶつかり合って、アツくなることもあるかと思います。異なるバックグラウンドや違った意見を持った人とすべて温和に対話をすることは難しいものです。語気を強めて発言してきたり、本題とは離れた話をずっと続けてきたりして、イライラしたりすることもあるでしょう。そうした状況で相手とぶつかり合ってしまうのは得策ではありません。

感情に任せて乱暴な発言をして相手を傷つけてしまえば修復は困難です。

会議に関する行動実験では、感情のぶつかり合いが起きたときにはホワイトボードを使って、努めて論理的に議論できるようにと仕向けたこともあります。ホワイトボードに記録しようとすることで、感情ではなく論理的な思考にスイッチされることが実感できました。

対話中のメモにも同じ効果があります。感情的になってきたときにメモを取れば、自分を落ち着かせることができるのです。

怒りは最初の6秒を超えればコントロールできます。

イライラしてきたときにメモを取り始めれば感情を抑えられるということは私自身、実感できています。

ただし、対話中のメモでは注意が必要です。とくにPCやスマホでメモを取る際には、あらかじめ「メモを取ってもいいですか」と伝えておかないと、「この人、他のことをやりながら片手間に聞いている」という誤解を招く可能性があります。そうでなくても、会話に集中していないように見えやすいものです。

オンライン会議中であれば、キーボード音に気をつけなければなりません。会議中にカチャカチャとキーボード音を鳴り響かせているため他の参加者が不快に思っているケースは、これまで何度も見てきました。

キーボードを叩いてメモを取る際には、マイクをキーボードから離したり、確実にミュート（無音設定）に切り替えるようにするなどしてトラブルを避けてください。

8 1秒の間を取ってから話し始める

自分が話しているときに相手が割り込んで話し出したら、不快に感じるものです。調査でも「対話中に話がかぶるのは不快」と答える人は91％もいました。

話がかぶってしまうと、かぶらせた側にも影響があることもわかりました。自分の話が相手の話にかぶってしまうと、まずいと思って遠慮がちになり、発言数が減る傾向になるようです。要するに、話がかぶったときには双方にデメリットがあるのです。

活躍社員は、発言数が多くても発言時間が短いのが特徴です。だらだらと話をしないで、コンパクトかつスマートに発言します。

そして、活躍社員は相手の会話とかぶる確率が低いこともわかりました。

8000時間以上の会議録画を分析したところ、一般社員と比較してかぶって話す確率は5分の1以下になっていたのです。**余裕を持って相手の話を聞いて、ワンテンポおいてから話し始めていたからなのでしょう。**

この特徴を水平展開すべく、「1秒〝うん〟ルール」を実験しました。

自分が話し始める前に心の中で「うん」とつぶやいてから発言するのです。

「うん」とつぶやくのに取る時間の目安を1秒にしました。すると、この1秒のあいだに相手が話し始めると、自分の発言を止めることができるようになったのです。

1秒の間《ま》を空けることで、相手が話し始めるのを待つことができるようになったのです。この実験によって、相手とかぶって話す確率を3分の1以下に抑えることができました。

余裕を持って話を聞いて、余裕を持って話し始めれば、相手を不快にさせないということです。

9 1-3-5チャレンジ

相手と共鳴して相手の行動を促すことが対話のゴールです。

しかし、行動意欲というものは誰でも同じわけではありません。

意欲が低い人を動かす方法と、意欲が高い人にさらなる行動を後押しする方法は異なります。

各社で優秀な成績を出し続けているチームリーダーは、メンバーの行動意欲度を考えながら対話の方法を変えていました。

行動意欲が低い人にはできる限り低い目標を掲げて達成してもらい、より多くの成功体験を持たせようとします。一方、行動意欲が高く、新たなことにチャレンジしていくメンバーには、明確なゴールを意識させ、最後の踏ん張りができるように背中を押してあげる声掛けをするようにしていたのです。

チーム内には行動規範があり、リーダーに毎回お伺いを立てなくても自発的に行動する仕組みを作っていました。

優秀なリーダーや活躍社員は、相手の行動を促す対話の中で数字を多用することにも気がつきました。

「この1点だけ来週までにお願いしたい」
「次の3つのポイントをカバーした資料を作りました」
「毎月5冊、読書するようにしている」

など、数字で表現したほうが事象をより具体的に捉えることができます。また、定量的なゴールが示されていたほうが安心感を与えることができます。

著名な経営者の講演でも、数字を多用するケースは多く、とくに奇数が多く使われます。奇数の効果についてはプレゼンテーション編でも解説しましたが、活躍社員の発言の中でも奇数が使われることは多いのです。

考えてみれば、ビジネス書のベストセラーにも奇数を含んだタイトルが多いように感じられます。「7つの習慣」「1分で話せ」「5%社員の習慣」……といったものがそうです。人間の脳は偶数よりも奇数のほうが自然で心地よく感じる傾向があることが、マーケティング心理学で実証されています。

Faculty Focus社の調査結果によれば、オンライン広告に奇数が含まれていると、顧客とのエンゲージメントが促進し、クリック率を高めて、より注目を高めるきっかけになるとのことです。

クロスリバーでは、優秀なリーダーによるチームメンバーへの指導方法を参考にしたうえで、奇数を使って相手とのエンゲージメントを高める実験をしています。

たとえば、**モチベーションが低いメンバーには数字の「1」を使って行動を促す声掛けをしてみました。**

「月に一度だけやってごらん」「1点だけ1分で教えて」といった言い方をします。永遠に行動を変えるとなると、精神的ハードルが高まります。しかし、一度だけ、1点だけ、1分で、というように具体的に表現すれば行動を起こしてくれやすくなるのです。

モチベーションが高いメンバーには「3」を使いました。

もともと行動意欲が高く、行動を変えようとしているメンバーです。すでに何かしらの行動を起こしている可能性が高かったので、「もうひと踏ん張り」を引き出すように声掛けしたのです。

「資料作成の改善を3回続けてみて」「修正したい点を3つ教えて」「三度目の挑戦までに成功させよう」といった感じです。

チーム全体に浸透させたい行動規範は5項目までとしました。それ以上あると、その中身を忘れてしまうことが多いとわかったからです。

「デメリットよりもメリットが大きければ挑戦する……（中略）……など、5つの行動規範に従って自ら考えて行動するように」とメンバー全員に伝えるのです。

あくまで規範なので、具体的な行動はメンバーたちに考えさせます。こうした共通の規範や目標があるチームは強いです。多少のメンバーの入れ替わりがあってもチーム目標を達成し続けられます。

こうして、意欲が低い人には「1」を入れ、意欲が高い人には「3」を入れて対話することを、各社の管理職87人に実験してもらいました。

また、行動規範を5項目作り、チーム内で浸透させるようにも依頼しました。

66％の管理職が2カ月実行してくれました。

定量的な効果は計測できなかったものの、「やってみたら意外と良かった」と答えた管理職が70%いました。

10 3秒の沈黙を防ぐ「どちらか」質問

対話を成功させるには、話すよりも聞くことに重点をおいて、相手に話をさせて相手のテンションを高めることが大切です。

しかし、全員が全員、饒舌《じょうぜつ》に話してくれるわけではありません。あまり話すことが得意ではないメンバーもいるでしょう。

なかなか話さない相手が話し始めるのを待っていると、間が空きます。1秒くらいの間であれば問題なく会話を進められますが、間が3秒を超えると恐怖を感じます。何をすべきかわからず不安に陥るからです。

なかなか話してくれない人に心を開いてもらうために、活躍社員はクローズドクエスチョンという質問技法を活用していました。「はいorいいえ」もしくは選択式で答えられるように質問する技法がクローズドクエスチョンです。

口数が少ない相手には「はい or いいえ」で少しずつしゃべらせていき、少しでも興味に触れる話題になったら、そこで自由に答えられるオープンクエスチョンに切り替える。

この手法は再現可能だと思い、25社で行動実験を行いました。

会議や上司・部下の1ON1ミーティングで、話に詰まったらクローズドクエスチョンを使い、話が盛り上がったらオープンクエスチョンに切り替えるというガイドを作ったのです。このガイドに従ってくれた管理職のうち53%が、「1ON1ミーティングで部下がこれまでより話すようになった」と答えてくれました。

この実験を2カ月継続したところ、会議でビデオをオンにしてくれる参加者が増えたという声も多数あがってきました。1人で話し続けるシーンが減り、発言する人が増えると対話が活発になり、それまでビデオをオフにして参加していたメンバーがビデオをオンにするようになったのです。

11 3割の成功確率を目ざす

優秀なリーダーは対話によってメンバーのモチベーションを高め、自分で考えて行動する「自走する人材」を育てます。

ねぎらいや感謝で対話を始め、雑談を通じて相手との共通点を見つけ出そうとします。アイコンタクトをしながら、しっかりと聞き、うなずきや相槌で共感を示します。

こうした努力をしても、すべての人を気持ち良くさせることはできません。優秀なリーダーですら成功確率は50％以下です。

相手の心地よさを考えすぎると何を話していいかがわからなくなります。また、機嫌を取ろうとして下手《したて》に出てしまうと、平等な立場で信頼関係を築くことができなくなります。

行動実験では、成功を目ざすと足がすくみ、行動しなくなってしまいます。

実際にやってみて「学ぶ」のが目的ですから、行動量を落とすようなプレッシャーをかけてはならないのです。

そこで、対話の行動実験に関しては「3回に1回ぐらい、相手のエネルギーがアップするように心掛けてみてください」と伝えるようにしました。

優秀なリーダーですら5割以下ですから、3割でも十分です。

相手の反応を見て次から微調整していけば、コミュニケーション能力は高まります。対話で大切なのは、相手が主役であること、相手の反応を観察すること、情報共有よりも感情共有を目ざしてノンバーバルコミュニケーションを駆使することです。

これらの実験を積み重ねてコミュニケーションスキルを磨き、相手と共感し合い、結果的に共創関係を築いていくようにしてください。

ＩＴが人の働き方を変えるのではありません。人が働き方を変えるのにＩＴが必要なのです。

ＩＴはあくまで手段であるのに、ＩＴを使うことを目的にしている企業や個人は成果を残せません。

6 ＩＴツール編

短い労働時間で成果を残す活躍社員はＩＴツールを使いこなしていました。とはいえ、やみくもにＩＴスキルを高めていたのではなく、目的達成のために必要なＩＴスキルのみを習得していました。

たとえば、エクセルやパワーポイントの機能をたくさん覚えると作業充実感に浸ってしまうことが調査でわかりました。覚えた機能を使うことが目的になったり、ＩＴを使っていること自体に充実感を得てしまったりして目的を見失ってしまうのです。

ここからは、各社で成果を出し続ける活躍社員がどのようにＩＴツールと向き合い、使いこなしていたかを研究し、再現できたものを紹介していきます。

自分の成果につながりそうなものがあれば、ぜひ実践してみてください。

1 キーボードショートカット7選

キーボードショートカットキーの利用状況を1万3000人に調査しました。調査対象者の92％がWindowsのPCを使用していたので、Windowsに特化して分析しました。活躍社員が使用しているショートカットは何か、一般社員との違いは何かについても明らかにしました。

そのうえで、活躍社員の利用頻度が高いショートカットを一般社員に試してもらい、「効果が上がった」と回答した人が60％以上になるものをピックアップしました。

以下の7つのショートカットが再現性の高かったものです。知らないものがあったら、ぜひ使ってみてください。

① Windows + 矢印

2つ以上の画面を重ねて開いているときに、画面の1つを選択してWindowsキーを押しながら「↓」を押すと、右半分に画面が移動します。左半分に表示させたい画面を選択すれば、左右2分割表示になります。

活躍社員は左にメール、右にカレンダーを表示してスケジュール調整をしていました。

左にブラウザ、右にワードを表示してネット検索しながら報告書をまとめるなど、画面の切り替え頻度を減らして作業を効率化していました。

② Windows + V

Windowsキーを押しながらVを押すとクリップボードが出てきます。過去のコピー履歴になっているので、クリップボードに保存してあるものから選んで貼り付けることができます。

多くの方が、Ctrl＋C（コピー）とCtrl＋V（貼り付け）は活用していましたが、Ctrl＋Vは直近でコピーしたもの1つしか貼り付けできません。Windows＋Vを使えば、以前にコピーしたものも選択できるので、複数の項目からコピー、貼り付けしていく作業時には便利です。

これは「Windows 10 October 2018 Update」で提供開始された機能です。

Windowsの設定から「クリップボードの履歴」を「オン」にしないといけませんが、確実に効率アップできますので活用してみてください。

検索ウィンドウを開いて、アプリ、ファイル、設定、インターネットを横断検索できます。

たとえば「ショートカット」と入力して検索すると、「ショートカット」という名前が含まれるPC内のファイルの一覧や、設定内で「ショートカット」に関連するもの、インターネットの検索候補を同時に表示してくれます。

クロスリバーが行った約12万人向けの調査では、テレワーク中、週に平均61分をファイルの検索に費やしていることがわかりました。

Windows＋Qで検索ウィンドウを一発で呼び出してクラウドストレージのOne Driveも含めて幅広く検索すれば、「探す時間」を大きく短縮できます。

④ Windows ＋ D

Windowsキーを押しながらDを押すと、開いていたものがすべて閉じます。

もう一度、Windowsキーを押しながらDを押すと、先ほど見ていた画面に戻ります。

いろいろ複数の画面が開かれているときに、最初のデスクトップの画面で何かをしたいときに使うと便利です。

予想外に活躍社員が多く使っていたのがデスクトップ表示です。複数のウィンドウが立ち上がっていると頭が混乱するのでWindows＋Dを押してデスクトップを表示して視覚と頭をリフレッシュするそうです。

⑤ パワーポイント・スライドショーでB

パワーポイントでF5を押してスライドショーを開始して、Bキーを押すと画面が真っ黒になります。

B（BlackのB）を押すと画面が真っ黒になり、W（WhiteのW）を押すと真っ白になります。

スライドショーを見ている人はいきなり画面が真っ黒になるとびっくりしますが、活躍社員はわざとやっていたのです。

プレゼンテーションでは双方向で対話をしながら進めることが成功の決め手になります。ただ見ているだけ、聞いているだけにはさせず、当事者意識を持たせるためにプレゼンテーション中に質問をして考えさせるのです。

たとえば、「皆さんは業務効率が高まったら何をしたいですか？」と問いをして、Bキーで画面を真っ黒にして相手に考えさせます。

質問の答えを考えさせたり、内省を促したりするときにBキーを使って双方向の対話を生み出していました。

⑥ パワーポイント・スライドショーで数字＋Enter

同じくプレゼンテーションで対話を促すために活用していたのが数字＋Enterです。特定のスライド番号を入力してEnterを押すと、そのスライドに一発でジャンプできます。

聞き手は最後の5分を最も記憶に残します。その5分で行われるのは質疑応答です。特定のスライドに関する質問が出たら、数字＋Enterでスマートにそのスライドへジャンプするようにします。スライドの番号がわからなければ、「－（マイナス）」キーを押して一覧を表示させることもできます。

⑦ オンライン会議のミュート切り替え

生活音や雑音が入らないように、オンライン会議ではミュートにして参加している人が多いものです。

自分が話すときだけミュート設定を解除するのですが、この操作がスムーズにいかずに相手を待たせたり、ミュート解除を忘れて雑音が入ってしまうようなトラブルが多発しています。

各会議サービスのミュートのON／OFFだけは覚えておいて、確実かつスマートに切り替えができるようにしておくのがいいでしょう。マウスで操作するよりショートカットキーのほうが使いやすいと答えた実験参加者は68％もいました。

主要なオンライン会議のミュートON／OFF切替ショートカットは次のとおりです。

■Zoom
Alt + A
■Microsoft Teams
Ctrl + Shift + M
■Webex
Ctrl + M

2 タスク管理アプリのお勧め5選

活躍社員がタスクの管理によって〝違い〟を生み出していたのは次の3点でした。

① **仕事の見極め：力の入れどころを見極める**
② **早いスタート：やる気に頼らず初動を早くする**
③ **業務処理能力：最速で仕事をこなす**

①は業務の棚卸しをして「やめることを決める」、もしくは「引き受けないタスクを決める」ことです。具体的な方法はこの後の時短編で紹介します。

②についても時短編で紹介しますが、初動を早くしてタスクに取りかかるまでの時間を短縮することです。

③は行うべきタスクをできるだけ早く完了するためのスキルです。そのためには、モレを防いで確実に期日までに仕上げる管理が必要になります。

付箋《ふせん》紙で管理する人もいますが、お勧めはしません。活躍社員いわく、付箋紙では見慣れてしまったり、完了したものがわからなかったり、未達のものに罪悪感を持ってモチベーションが下がりやすくなったりするようです。また、物理的に貼る付箋紙では管理できる場所が限定されてしまうので、テレワークと出勤を組み合わせるハイブリッドワーク時代には向いていません。

いつでもどこでもタスクの進捗が直感的に確認できるアプリサービスを使うほうがしっかり管理ができます。

実際に活躍社員および優秀なリーダーが使っていたアプリサービスのベスト5は以下のものでした。

①Wrikeはこの2年で利用者が増えました。ガントチャートやラベル式の表示ができ、達成状況が見やすくなっています。

②Trelloと③Backlogは定番です。中堅中小企業ではTrello、大企業ではBacklogを使っているケースが多くなっていました。

④Google Keepと⑤Microsoft To Doはグループウェアとの連携が便利だと活躍社員が言っていました。Gmailを見ながらGoogle Keepでタスク管理したり、Microsoft Teamsのチャットの中でMicrosoft To Doでプロジェクトタスク管理をしているなど、グループウェアと連携させて利用するケースが多いようです。

普段から使い慣れたエクセルでもタスク管理はできると思いますが、レイアウト変更や直感的に管理するには限界があります。タスクの管理を行うことを前提にデザインされたアプリサービスを活用して生産性を高めていくほうがスマートです。

3 「メールを見ていますか？」をやめる

世界でも最もムダなメールは「メールを見ていますか？」というメールです。

メールの弱点は非同期であること。つまり、相手の状態がわからず相手が応答するまでの待ち時間が発生することです。

相手と確実に連絡を取り、スピード感を持って仕事を進めるためにはチャットを推奨します。

企業向けのビジネスチャットはログ（会話履歴）が取れて、社内のディレクトリ（連絡帳）や様々なアプリと連携が取れるので、安心かつ快適に使えます。

何よりも便利なのはプレゼンス（在席状況）の確認ができることです。連絡を取りたい相手がオンラインであればチャットですぐに捕まえて返答を求めることができ、休暇中のプレゼンスになっていたなら、メールや電話はしないで出社したときに連絡を取るようにします。

プレゼンスを確認してからコミュニケーションを取るようにすれば、受け手側も快適です。

終業後や休暇中に緊急度の低い連絡が来ることがなくなるからです。

また、メールよりもチャットのほうが気づきやすいので、緊急度や重要度が高いメッセージは逃さずすぐに対応できます。

メッセージの削除もできるので、誤送信や誤字も送信後に修正できます。

時短に最も効果があったのは、メッセージ入力時間と、返答を待つ時間の短縮です。

チャットであればかしこまった文体にする必要はなく、所属部署の説明や季節の挨拶などもいらないので「今いいですか？」と短文で会話を始められます。

２０２０年3月から２０２１年9月までの1年半で、クライアント企業のうち２０５社が社内の標準コミュニケーションをメールからビジネスチャットに変更しました。これにより、テレワークであっても出勤していても、円滑なコミュニケーションが取れるようになったといえます。

37社で調査したところ、導入後2カ月でメールのトラフィックが25％減り、メールもしくはチャットを処理する時間は18％に減りました。

相手のプレゼンスを見て最適な手段を選んでコミュニケーションするので、連絡が取れる可能性が高まり、メッセージ入力時間も返答を待つ時間も減ったのです。

チャットはただ単にテキストを送るのではなく、ビデオ通話やファイル共有、資料の共同編集やプロジェクト管理でも活用されていました。

しかし企業内では「メールのほうが楽」「複数のツールをチェックするのは面倒だ」「急ぎならば電話すればいい」とデメリットを主張して、メールからの移行を拒む抵抗勢力も存在しました。

新しい挑戦をするときは必ずデメリットが発生するものですが、新しい挑戦を避けていると、変化に対応できない「ゆでガエル」になってしまいます。

そんなことからも、ほんのちょっとだけチャットを使ってみて、そこで得た学びを次の行動に活かしてもらうことにしました。

クライアント企業35社でビジネスチャット普及のプロジェクトを進めてみたのです。クライアント各社に一定の期間（社員たちに考えさせて1週間や半日などの適切な期間を設定）は社内メールを禁止して、ビジネスチャットのみ利用可にしました。

開始前は文句を言う社員が多かったのですが、時間が経つにつれて「意外といいじゃないか」という声が増えてきました。ビジネスチャットはメールと異なり、気軽に用件だけを伝えればいいので文章を入力する時間が省けます。

最も多かったフィードバックは「コミュニケーションがスピーディになった」というものでした。

相手のプレゼンスを見たうえで会話するので待ち時間が少なく、即座に対話が成立するようになったようです。

ビジネスチャットツールの大手Slack Japanの調査によれば、チャットを導入した1629社で社内メールを平均49％も減らすことができたうえ、会議も平均25％減り、生産性は平均で32％も向上したそうです。

7 時短編

誰にでも、やらなければならない仕事はあります。

面倒でも、経費精算処理や勤務表の入力などはやらなくてはいけないことです。活躍社員は、そうした雑務に不平不満を言いません。全員に平等に与えられる1日24時間の中でどのように時間を有効活用するかを深く考えて実行に移しているのです。

自分たちでコントロールできるエリアにエネルギーを傾けて、作業効率を高めていました。彼らの時短の考え方と時間管理の手法からの学びは大きいといえます。その学びについて見ていきたいと思います。

1 時間を生み出すマインドセット

まず知っておいてほしいのは、時間を削減するのではなく「時間を再配置する」という考えでいたほうがうまくいくということです。

変化に対応するには新たなことに挑戦する、つまり行動を変えてコンフォートゾーン（快適な領域）から抜け出る必要があります。新たな行動を実行するには時間が必要です。

その時間を生み出すために、現在のムダな時間を短縮していきます。

労働時間の削減だけに取り組む企業は、働き方改革に成功しません。仕事が終わらないのに無理して帰れば、思うような成果を残しにくくなり、達成感を得られず給与も減ります。これでは納得できず、自然と元の働き方に戻ります。

階層社会で育った社員たちは従順ですから、20時にオフィスの電気が消えたら、しぶしぶ帰社します。ただし、仕事が終わっていないままにはしておけないので、社外での〝隠れ残業〟が蔓延《まんえん》します。テレワーク環境ではなおさらです。そうした状態を続けていくべきではないのはもちろんです。

未来に必要なことに時間を費やすために時間を生み出す。この考え方を理解してから行動実験をしていけば変化は起こります。

働き方改革に取り組む企業は時短を手段と捉えて、未来に必要な挑戦に時間を再配置する考えを社員たちに浸透させるべきです。そうすれば、個々人が自分で考えて動く「自走する組織」になります。

働く個人が行動実験を継続していけば成果を出し続けることができるのです。

2 ペイオフマトリクスで仕分け

約9000時間の社内会議を分析してわかったことの1つに、「意思決定のための会議では、決めるべき人が参加して、決め方を決めるべき」だという当たり前の事実があります。

決め方が決まっていないと、議論が錯綜《さくそう》して結論が出ない確率が高いことがわかりました。とくに大企業では決め方が定まっていないと、重箱の隅をつつくような発言が続いて「決めない会議」になる可能性が高まります。

ある通信会社の活躍社員は社内で最もファシリテーションがうまいと評判でした。その人の仕切る社内会議に参加させてもらったことがあります。

意思決定の会議では、先に評価軸を示して参加者の同意を得ながら進め、しっかりと「決定」へ導いていたのがわかりました。

その際に採用していた決定方法が「ペイオフマトリクス」です。

「ペイオフマトリクス」とは、重要度と緊急度の2つの評価軸を用いて、出された案の中からベストなものを決めていく手法です。

縦軸の「重要度」では、成果を出すことへのインパクトが大きいアイデアが上、インパ

図表6　　ペイオフマトリクス

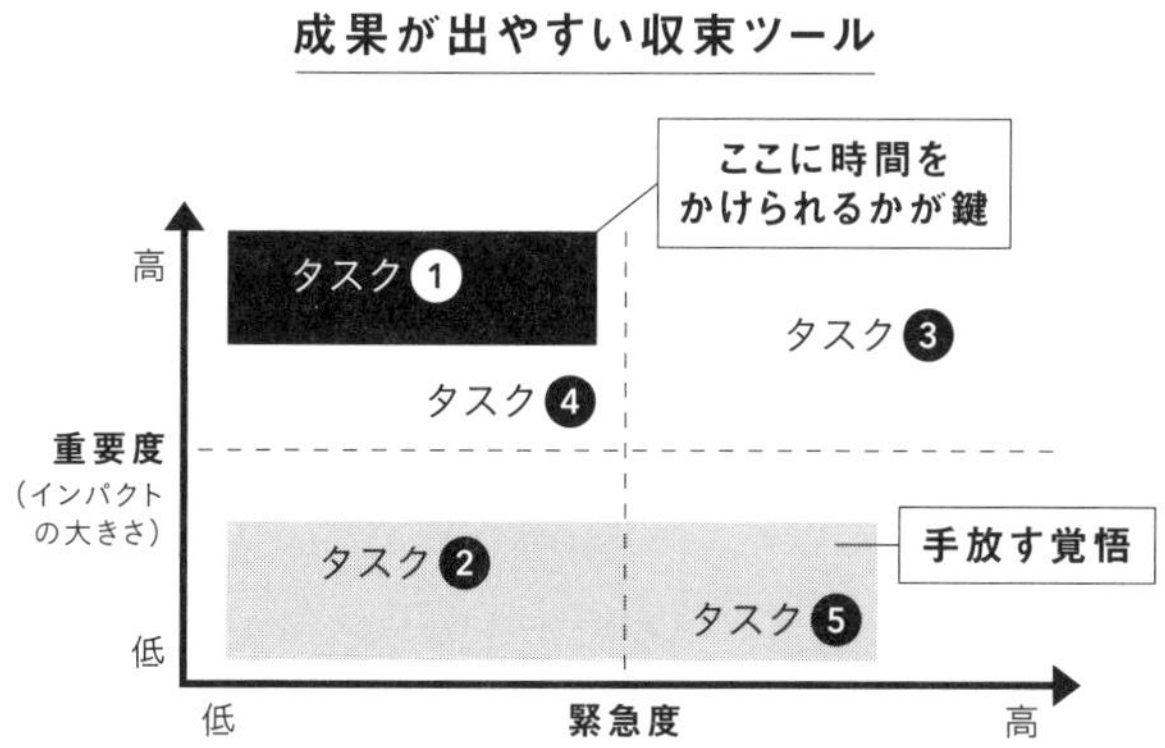

クトが小さいものが下になります。

横軸の「緊急度」では、緊急度が低いものは左で、右に行くほど緊急度の高いものになります。

出された案をこのマトリクスの中に配置して最終案を選定していました。

この見事な仕切り方は時短術にも使えるのではないかと考えられました。

流通業の活躍社員が「重要度が高いがまだ手をつけられていないことを見つけて取りかかる」と発言していたのを思い出したのです。

会議で出された案だけではなく、**日々のタスクをペイオフマトリクスで整理すれば「どのタスクにフォーカスすべきか」「どのタスクをやめるべきか」が可視化できるようにな**

ります。

そこで8社の働き方改革プロジェクトメンバー189人に協力してもらい、週に一度、ペイオフマトリクスを使って「緊急度も重要度も低いタスク②を見つけてやめること」「緊急度は低いが重要度の高いタスク①を見つけて、そこに時間を割くこと」を実行してもらいました。

実験当初はタスク①を抽出するのが難しかったようですが、**「タスク①を発見して、それに時間を費やすためにタスク②をやめて時間を捻出していく」**という意識に変わると、タスクの棚卸し作業がうまく進むようになりました。

2カ月継続してもらい、189人の労働時間を比較すると、実験前に比べて8%ほど減少しているのがわかりました。

8%では微減に過ぎません。しかし、未来の成果を生み出す「緊急度は低いが重要度の高いタスク①」に時間を費やすようにしたのに、労働時間は減っているわけです。それはつまり、以前より短い時間で、より効果的なことができている証拠です。

目の前の業務をこなすだけでなく、重要度と緊急度でタスクを分類し、重要度が高いことにエネルギーをかけるほうが効率も効果も上がります。

3 締め切り効果と宣言効果で初動を早くする

ＩＴツール編の「②タスク管理アプリのお勧め5選」で説明したとおり、最短距離の仕事術を実践するうえでは仕事に取りかかる時間を早めることが必要になります。

やらなければならないことはわかっていても気分が乗らず、取りかかるのが遅くなることを経験した人は多いはずです。

しかし、ムダをなくして成果を出し続けるためには、気分ややる気に頼ることはできません。実際に成果を出し続けている優秀なリーダーは、「自分やチームメンバーのやる気に頼らない」と発言していました。

気分が乗れば作業スピードは速くなりますが、気分が乗ってくるまで待っていて、スタートが遅れてしまうと、最終納期は遅れてしまいます。

仕事に取りかかる初動を早くすれば、結果的に期限までに終わる確率が高まることが1710人の行動実験で判明しています。

優秀なリーダーは「やる気に頼らない」で、やる気の有無にかかわらず行動をする仕組みを作っていることがわかったのです。

その行動をする仕組みが次の2点です。

①途中期限をこまめに設けて「締め切り効果」を活用する
②周囲に行動と期限を発表して「宣言効果」を活用する

「締め切り効果」とは、期限を意識することによってタスクに集中することです。

やることの締め切り日時が明確であれば、本能的になんとか死守しようというスイッチが入り、仕事に取りかからざるを得ない状況になります。ちょっとしたプレッシャーをかけることによって、悩んでいる余裕がなくなり、とにかく取りかかろうというマインドになるのです。

苦手と思っていたタスクでも、取りかかってみると意外にこなせてエンジンがかかることがあります。やってみないと、難しいかどうかはわからないものです。

人間の脳は基本的にネガティブな方向で考えてしまうメカニズムになっているので、まず取りかかって少しだけ達成することによって、ドーパミンという幸せホルモンを分泌させたほうがいいことがわかりました。

「宣言効果」とは、周囲の人と行動目標やその達成期限を共有することにより、目標が達成しやすくなる効果のことです。

他者に宣言することによって「バカにされたくない」という心理が働き、自分自身にプレッシャーをかけることができます。

期限を決めて本能的に仕事をスタートさせようとする「締め切り効果」と、周囲からの信頼とサポートを得やすくする「宣言効果」を活用すれば、初動を早くすることができます。

本書で紹介している行動実験にはすべて期限を設けています。その実験内容と進捗を社内で広く共有できているのは、この「締め切り効果」と「宣言効果」を活用しているからです。

正直なところ、抵抗する人が多い中でこれだけ大規模な行動実験を短期間で行うことができたのは、この効果のおかげだと確信しています。

「締め切り効果」と「宣言効果」を活用し始めた社員も増え、「効果を実感した」「意外と良かった」というコメントが数多く寄せられました。

第5章

活躍したいビジネスパーソンが明日から実践すべきこと

明日から実践できる「100人の中の1人」になる方法

コロナ禍で働き方が大きく変わり、多くのビジネスパーソンが危機感を持つようになりました。会社に行くことがイコール仕事にはならない環境の中で、働き方がデジタル化されたために〝できない社員〟があぶり出される結果となりました。

激しい変化を乗り越えるために意識を変えなければならないと考えるビジネスパーソンは増えています。コロナ禍で苦労した2020年、2021年に「働き方を変えようと意識した」と回答した人は全体の75％もいました。

しかしながら、意識を変えても行動が変わらなければ意味がありません。意識と行動が変わるのを待っていたら、5年、10年はかかります。そんなに時間をかけたら変化に取り残されてしまいます。

スピード感を持って意識と行動を変えていくには、先に行動を変えてしまうべきなのです。そして、行動の後に振り返りをして「意外と良かった！」と意識が変わったことに気がつけばいいのです。

これがクライアント17万人と行動実験をした結果として見出した答えです。

変化を求めている中で、良いセミナーに参加したり良書に巡り会ったりしても、アウトプットしなければ何も変わりません。そのことにまず気づく必要があります。

私は以前、ある著名な方の講演会に参加して、次のように言われてハッとしました。

「この講演会はいつも満足度が80％以上です。多くの方が感動して帰っていきます。しかし、今日学んだことを実際にすぐに実行できる人は全体の10％しかいない。それを継続できる人はさらにその10％になる。つまり100人いても1人です。だから必ずすぐに行動に移してください」

せっかく時間を費やして講演を聞いても、それで終わったら意味がない。行動に移したとしても、それを継続できなければ学びを定着させられない。

そうした当たり前のことに気がついて、その日から行動志向になることを宣言したのを覚えています。

学んだことをすぐに実践すれば100人のうちの10％となり、それを継続していけば100人のうちの1人になれる。つまり残りの99人とは決定的な差をつけられることになるのです。

禅の世界には「冷暖自知《れいだんじち》」という言葉があります。冷たいとか暖かいといった感覚は実際に体験してみないとわからないという意味です。

活躍社員は実際に行動に移して新たな挑戦を体験してみて、気づきと学びを得ようとします。自分から動かないと何も感じ取れないことを自覚しているからです。

大幅な改善をしようとすると、精神的なハードルを高くしてしまい、行動を起こさない可能性が高くなります。

初めは軽く小さな一歩（ライトフットプリント）でいいのです。ちょっとした変化を実感し、その手応えをもとに次の改善につなげていけば行動変容が定着します。

7割の精度で行動に移す

活躍社員に完璧主義者はいません。たとえば**行動を起こす前に100%の情報を集めようとはせず、7割程度の情報が集まったら行動を起こします。**そして、作業を進めながら修正を繰り返して仕上げていきます。

100%の情報を集めようとするグループAと、7割程度の情報が集まったら行動に移すグループBとの比較実験をしたところ、次のことがわかりました。

グループAはしっかり準備をして、自信を持って行動に移していますが、当然のことながら初動は遅れます。一方、グループBは行動に移すまでにかける時間がグループAより圧倒的に短く、途中で振り返りの時間を十分に確保できるので、仕上がりも上々でした。

グループBは、まさに活躍社員の行動そのものです。

活躍社員は、完璧を目ざすと初動が遅くなることを知っているので、あえて完璧を目ざさないのです。おかげで仕事はどんどん先へ進み、行動量を増やし、結果として成果をあげています。

山登りをする際に、目的地である山の頂上に目的時間に着くためにはどうすればいいかを逆算して、すぐに出発するようなものです。

逆算を意識する人は一般社員の中にもいますが、活躍社員との決定的な違いは、準備に時間をかけすぎてスタートが遅れてしまうことです。

活躍社員の準備は「登山のしおり」程度の最低限の計画です。行動を開始してから、コンパスと地図を見ながら進んでいきます。その最中に間違いに気づいたら、すぐに軌道修正し、最短距離、最短時間で頂上に立つことを目ざします。

早いスタート、早い軌道修正によって、結果的に早く頂上に到達できるのです。

登山の途中で軌道修正する行動は、仕事現場でいえば、作業の進捗《しんちょく》20%ぐらいの段階で上司や仕事仲間に確認するやり方とも重ねられます。

途中段階で早めに確認すれば、目的から遠く離れてしまうことを避けられます。それを繰り返すことで、最短時間で目的を達成できるのです。

クライアント各社のプロジェクト推進でも同じようなことがわかりました。優秀なリーダーのチームと、そうではないチームを比較すると、行動量と目的達成のスピードに大きな差が出ます。

優秀なリーダーは目的思考で行動派です。早くスタートさせ、途中にチェックポイントを設けて、コースを逸《そ》れないように気を配っています。

一方、優秀なリーダーがいないチームでは、基本設計や行動プランを練るという準備行動に時間をかけすぎてスタートが遅れます。そのうえ振り返りが少ないためにムダな作業が増えていき、時間がかかる結果になっていました。

週に15分の内省タイムをカレンダーに入れる

各社の活躍社員は、定期的に自分の仕事を振り返っていることがわかりました。**1週間もしくは2週間おきに15分程度の振り返りを習慣づけていました。**この振り返りを実践する人の比率は一般社員の8倍以上でした。

この調査結果をもとに、39社8万人に対して、毎週金曜に15分の「振り返り時間（内省タイム）」を確保することをルール化しました。

手帳などを見ながら「なぜ忙しかったのか」「やめるべきことはないか」「何にムダな時間を使ったのか」などをざっと振り返っていきます。

それによって82%の人が「行動意欲度（行動を起こしたいという意気込み）が上向いた」と答えています。

内省が定着すれば、確実に行動志向になります。

PDCAの一連のサイクルは必要なく、ひたすら行動とチェックを繰り返すだけになります。

いつまでもP（Plan）に時間をかけず、迅速に行動を起こし修正していく習慣が身につけば、必ず行動の質が高まり、結果は改善できます。

時間を短縮することが目的ではありませんが、新たなことをするための時間を生み出すという意識を常に持っておき、そのために「定量的なゴールを設定して、達成するまで行動を継続すること」が重要であることを認識できました。

第1目標として、内省タイムを通じて現在の労働時間から5%の時間を生み出すことを目ざしました。この5%抽出を達成したら次は8%というように目標を段階的に設定することで、それぞれのステップにおいて達成感を味わうことができたのです。なんとなく痩せたいというよりも2カ月以内に3キログラム痩せるという具体的な目標を設定したほうが達成しやすくなるのと同じです。5%の稼働時間を生み出すために、2カ月にわたって内省タイムを継続しました。

すると、「達成した」と答えた人は68%になりました。中には30%以上の時間を生み出したというツワモノもいました。

たった15分の内省を習慣にすることで、週に2時間以上を生み出せたのです。

この内省を進化させて、改善アクションをタスク管理すればさらに多くの時間を生み出すことができます。

こうした効果を聞いてやってみようと思った読者もいるのではないでしょうか。しかし、思うだけでは変化は起きません。行動を変えるために、今すぐカレンダーに週15分の内省タイムをスケジュールしてください。

仕事の見せる化でセルフDCAを回す

「宣言効果」に関していえば、初動を早めるだけでなく、周囲からの信頼や協力が得やすくなります。

「12月末までに目標を達成するためにあと1人採用しなければなりません。なんとか頑張らないと！」と、自分の行動目標と進捗を自発的に共有していくと、「私が1人紹介してあげようか」「何か手伝えることある？」と声をかけてもらえることもあります。宣言しないで、自分の中にだけに閉じ込めてしまうと救いの手は差し伸べられません。

だからこそ活躍社員は「仕事の見せる化」を習慣にしているのです。

目標とその進捗を自分から見せていけば、情報の透明性を高めて信頼度が上がり、困ったときに助けてもらいやすくなります。

「宣言効果」で初動を早め、周囲の協力を得やすくしたら、あとは行動あるのみです。

活躍社員は、失敗から得る学びが重要であり、その学びを次の行動に活かすことで進化できることを知っています。

早い段階で「前向きに失敗」したほうが、その後の成功につなげやすいのです。

いつまでもプランを練ることに時間をかけていては行動量が減ります。

行動量が減れば学ぶ機会も減ります。

イノベーションを起こすためには、実行しながら修正していくことが必要です。

イノベーションは成果物ではなく、失敗を成功に活かすプロセスそのものですから、PDCA（Plan＝計画、Do＝行動、Check＝評価、Action＝改善）のプロセスを、より多く、より速く回したほうがいいのです。

そのためにはP（計画）に時間をかけすぎず、すぐにD（行動）して、確実にC（評価）＝振り返りをするべきです。

変化の激しい時代に生き残るにはスピードと行動量が重要です。

ですからPの比重をできる限り小さくして、DCAを自ら回していきましょう。

これを**「セルフDCA」**と呼んでいます（図表7）。

このサイクルを速めて、より多く回していくことで、進化が加速します。

ムダをなくして効率を高めるために振り返り、新たな価値を創造するためのトライアンドエラー（失敗と修正）を繰り返すことで、人はどんどん成長していきます。

外部の目（フィードバック）を必ず入れる

自分のことを冷静かつ客観的に見つめなければ成長は止まります。

運を実力だと勘違いしたり、他人の功績を自分のものにしてしまったりしていると、進化のための行動実験を止めてしまいます。

自分を知るうえで、他者からのフィードバックはとても重要です。他者から自分を見つめてもらうことで、客観的かつ公正な自分を知ることができます。

図表7　　セルフDCA（P少し）

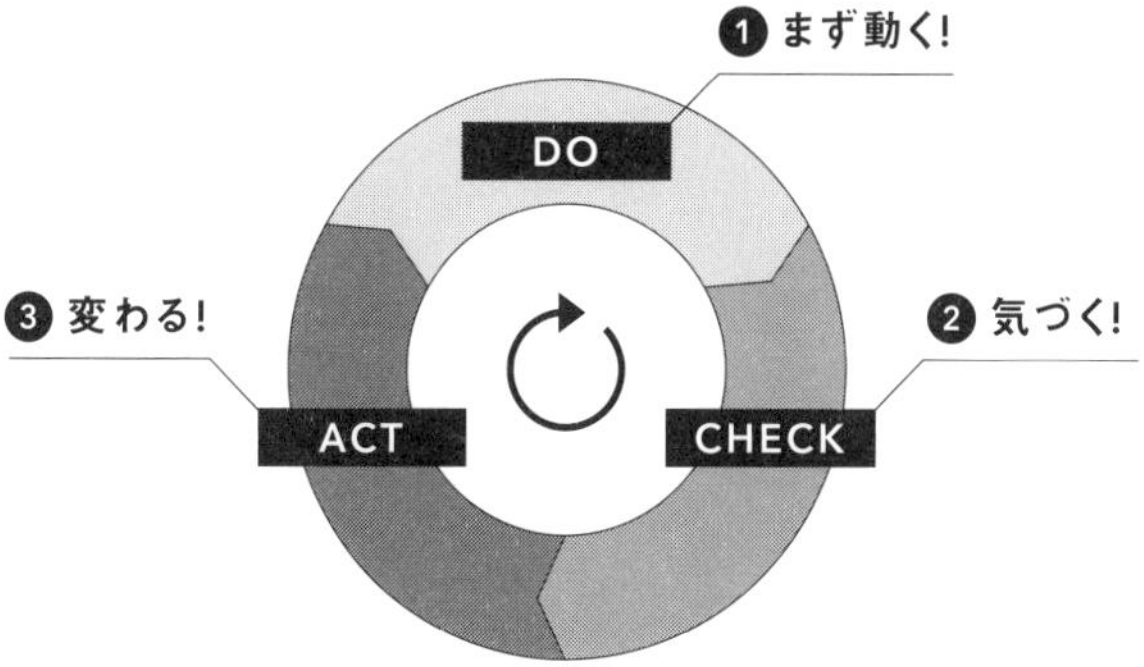

「ジョハリの窓」は対人関係における気づきのモデルとして有名です。心理学者のジョセフ・ルフトとハリ・インガムによって1955年に考案された概念がジョハリの窓です。

自分が知っている「自分の特徴」を自己開示し、他人が知っている「自分の特徴」をフィードバックしてもらうことで、自分がわかっていないことを「発見」できます。

自己理解のズレに気づき、そのズレを一致させていくことでチームワークがうまくいくと考えられています。

この「発見」が、学習と行動改善の起点になるのです。

せっかく行動実験をして成果を振り返ったとしても、間違った捉え方をすると次の行動を正しく修正できません。1人であっても行動実験はできますが、複数人で行ったほうが客観的な振り返りができます。視野と視座が異なるメンバーからフィードバックをもらえれば、修正点を見つけやすくなります。

フィードバックを「与える」そして「受ける」という行為は、当事者同士、お互いにメリットがあります。

相手が受け入れやすいように批判だけで終わらせず、改善策を伝えたり、良い点を先に伝えてから改善点を伝えたりすることで、相手は受け入れ態勢に入ります。

受ける側も、フィードバックは「極上のプレゼントである」と認識して、相手に感謝を伝えたほうが、相手は親身になって自分を見つめ続けてくれます。

このフィードバックを伝え合う文化を浸透させることで、組織力は上がります。

働き方改革に成功している12%の企業のうち、このようなフィードバック文化が根付いている企業は64%以上でした。

社員と会社が継続的に成長するためにはフィードバック文化が必要です。

明日から、積極的にフィードバックを求めるようにしてください。そして、フィードバックをくれる人にはちゃんと感謝の意を伝えるようにしてください。

十分な睡眠で活躍の素地を作る

クロスリバーのクライアント22社を対象に、月間の残業時間が「60時間以上のグループA」と「60時間未満のグループB」の比較調査を行ったことがあります。するとグループAはグループBに比べて、残業の翌日にストレスを感じる人が3・5倍いることがわかりました。食欲がないという人も2・7倍になりました。

長時間残業が心身に与える影響は相当に深刻なことがわかります。

ストレスや不規則な生活習慣などにより自律神経のバランスが乱れると、心身の不調の引き金になります。これを防ぐには、まず生活習慣の基盤となる「食事」「睡眠」「休養」「運動」を見直して、「労働時間」や「仕事量」が適切かどうかを考えることが必要です。忙しくても適度な休憩を挟み、気分転換して体と脳を休めてください。活躍社員は、健康にも気を配りながら成果をあげ続けています。

ストレスが溜《た》まりやすい現代社会では「レジリエンス」も必要です。

レジリエンスは、ストレスへの耐性や柔軟に対応する力であり、引っ張られてもゴムのようにすぐに戻る自己復旧力です。

今後さらに変化が激しくなっていけば、予想以上のストレスが襲いかかってくることでしょう。それによってダメージを受けることになるなら、睡眠と休養によってリフレッシュして元の状態に復元する力が必要になります。

ダメージを受けないように回避し続けることは現実的ではありません。働くうえでストレスから完全に解放されることは難しいので、影響を少なくする、そしてダメージを受けたら復旧するように対策をしておいたほうがいいわけです。

そのためには十分な睡眠が必須です。

また、仕事後の1杯のビールや、没頭できる趣味、汗をかくスポーツなど、自分をリフレッシュさせてくれる何かを持っていたほうがレジリエンスは高まります。

医学的にも、ダラダラと週末を過ごすより、思いっきり遊んでリフレッシュしたほうが、月曜日の精神衛生状態は良くなりやすいと見られているようです。

しっかり睡眠をとって、しっかりリフレッシュして、仕事もプライベートも充実させていきたいところです。寝食を忘れて仕事に没頭していては長続きしません。体を壊したら元も子もないのです。

願望に数字を入れる

可視化と言語化によって、改善行動は習慣になります。

そして、ゴールを定量的に表現することで実現するための行動が促されます。

出世したいと思っているのであれば、より具体的に「2年以内に課長に昇格したい」と言語化します。出世したいと言うだけでは、出世できたらいいな、という単なる願望と変わらないので、逃げの心理が生じます。


アクションを具体的に言語化すると、願望が目標に変わり、行動が続いて、達成しやすくなります。


「2年以内に課長に昇格したい」という目標を立てたとするなら、次の日にまず、昇格プロセスを人事部で確認します。そして、2週間以内に、上司および上司の上司の期待値を確認し、自分が埋めるべきギャップを明確にします。それを1年半以内に埋める、という行動計画を立てることができます。出世したいな、と漫然と考えている人とは行動がまったく異なってきます。

目標を具体化・指標化したのは、達成に向けて工夫・改善していくためです。

日中はどうしても目の前の仕事に目が行ってしまい、大きな目標を見失いがちになりまします。そこで、仕事前あるいは仕事後の時間を使って行動目標を明確にして、進捗を可視化します。

多くの人と行動実験を継続できたのは**「目標の言語化」「定量化と進捗の可視化」**をしていたからです。

慣れ親しんだ行動を変えるのは怖いものです。失敗を恐れると行動を変えてくれません。そこで意義・目的を説明したうえで、小さな行動実験を行うことをゴールとしました。その実験の中での行動量（実験時間や期限、回数）を指標化して進捗を確認し合う仕組みにしたのです。

成功を目ざしていないので、失敗しても咎《とが》められません。しかし行動量は規定されていますから実験をやらないと目立ってしまい、恥ずかしく感じるのです。

このようになかば強引に行動を変えたほうが「意外と良かった」と思う人は多くなります。それで結果的に意識変革ができたのです。

行動実験を浸透させたいという願望に定量的な指標、数字を入れることで多くの人を巻き込み、多くの人の行動と意識を変えることもできたのです。

実現したい願望があれば数字を入れて、モチベーションの有無にかかわらず確実に行動をする仕組みを作りましょう。

月に2回デジタル空間で歩き回る

テレワークによって出勤ラッシュから逃れられ、ITツールを使って出勤時と同じように仕事ができるようになりました。場所にかかわらず共同作業ができることで、コロナ禍の状況下で事業継続ができました。

しかし、物理的な対面機会が減ったことで「偶然の出会い」が閉ざされてしまいました。出勤時に廊下で話しかけられたり、他の会社に訪問した後に素敵なカフェを見つけたり、書店に足を運んで人生を変える本に出会ったりするような機会が減ってしまったのです。

キャリアというものは、計画されたとおりに行われるよりも、何か偶発的なイベントによって生み出されることが多いものです。5年前に今の自分を想像できたでしょうか。

キャリアを築くチャンスというのは、自分から希望して勝ち取るだけでなく、むしろ第三者から与えられることのほうが多いのです。

コロナ禍の後も、しばらく非接触社会は継続していくことでしょう。人と対面することが限定的で、人からチャンスが与えられる機会も限定的です。その中で自分のキャリアを勝ち取るためには、自ら動いて偶然の出会いを必然にしていくしかないのです。

活躍社員は、対面機会が減っていても、〝偶然の出会いを必然にする行動〟をとっていました。オンラインで出会いと学びを増やしていたのです。

アンテナを高くして専門家の発言をチェックしたり、経営者のオンライン講演を聞いたり、オンライン読書会に参加したりしていました。デジタル空間で情報と人との接点を増やし、新たな発見と学びを探していたのです。

約1万7000人のビジネスパーソンに対してアンケートを取ったところ、2020年5月から2021年3月のあいだにオンラインセミナーに参加したことがある人は全体の62%でした。平均の参加頻度は月に0・2回。5カ月に1回です。

一方、活躍社員の96%にはオンラインセミナーの参加経験があり、参加頻度は月に2・1回でした。参加頻度は一般社員に比べて11倍です。

活躍社員はデジタル世界で積極的に歩き回り、「偶然の出会い」を引き寄せようとしていたのです。ぜひ月に2回、何かしらオンラインで活動してみてください。

知識だけを吸収して何もしないままでいるのではなく、そういう1歩を踏み出すことから始めていく必要があるのです。

■出会いと学びを増やすための参考サイト

〈自分の学びを広げる〉
オンライン読書コミュニティ「flier book labo」　https://www.flierinc.com/book_labo
学び続ける生放送コミュニティ「Schoo」　https://schoo.jp/
オンライン講座「ストアカ」　https://www.street-academy.com/

〈自分に適したオンラインセミナーを探す〉
セミナー情報ポータル「セミナーズ」　https://seminars.jp/
セミナー情報検索「ビジネスセミナーガイド」　http://www.crosslink.co.jp/seminar/
ビジネスに役立つセミナー情報「Peatix」　https://peatix.com/

〈自分の経験を活かす〉
スポットコンサル「ビザスク」　https://service.visasq.com/
得意を売り買い「ココナラ」　https://coconala.com/
経験とスキルを時間で販売「ギグベース」　https://gigbase.jp/

おわりに

すべてがうまくいっている人はいません。

突出した成果を出し続けている活躍社員でも、思うようにいかないことはあります。完全にうまくいくことなんてないのです。それでも、納得いくまで頑張ってしまう……。

私自身もそうでした。

上司の期待に応えようとして頑張り、同期の友人に負けないように頑張り、出世して家族を喜ばせようとして頑張っていました。

しかし、寝る間も惜しんで働いた結果、精神疾患を患いました。

7時間睡眠を2週間続けることで回復し、なんとか職場復帰できましたが、これまでのような働き方を続けるのは無理だな、と反省しました。

頑張ることが目的になってしまっていた自分を戒めて、「短い労働時間で大きな成果を出す方法」を見つけようとしました。

言い方を変えれば、ズルして成果を残す方法を考えるようになったのです。

まずは周囲の優秀な社員を観察して、そのテクニックを真似しようと思いました。夜遅くまで仕事をして成果を出している社員ではなく、「なんであの人は早く帰るのに仕事がデキるのだろうか？」と思える人の仕事ぶりをじっくり観察したのです。

そうしているうちに、何気ない日常の作業の中でも、ほんのちょっとだけ他の人と違うことをやっている場合が多いことに気がつきました。

ほんのちょっとの違いで大きな差を生み出していたのです。


「ムダに頑張らない」

30代でこの当たり前のことに気づいて「最短距離の仕事術」の研究を始めました。

その気づきを多くのビジネスパーソンに届けたいと思い、マイクロソフトを自らの意思で〝卒業〟して起業したのです。

代表を務めるクロスリバーでは、800社超、17万人のビジネスパーソンと行動実験を行い、「最短距離の仕事術」を追求しています。

ゼロから実験を始めるより、実績を残した人の仕事術をもとにして仮説を作ったほうがショートカットできると思い、活躍社員の行動分析を始めました。

人が分析作業をすると、時間と人件費がかかりますので、できる限りAIサービスで処理しました。

頑張っていることをアピールすること。上司に気に入られるように頑張ること。派手なパワポを作成して満足すること……。

そういうことは、もうやめにしませんか？

勇気を出してこういうことをやめない限り、変化が激しく不確かな時代に生き残っていくことはできません。

では、それをやめて、どうすればいいのでしょうか？

行動実験して、気づくことです。

活躍社員の真似をして、良かったら続ける、良くなかったらやめる。

それだけです。

その活躍社員の仕事術を収集・分析することに、私たちクロスリバーは累計2万1000時間を費やしました。その結果と学びをまとめたものが本書です。

これからの活躍を目ざす一般社員の方々と再現実験をしているので、この本を読んでくださった皆さんも楽して成果を出すことができるはずです。

ただし、読んで終わりにしたのでは何の変化も起きません。

すぐに実践してみてください！

行動＝アウトプットしないと、成果を出すことはできません。

「知ること」で終わったらダメです。

大切なのは「やること」「できること」です。

その道しるべを作るのが本書の目的です。

この「おわりに」までたどり着いた読者の皆さんには、本を閉じた直後から、迷わず行動に移してもらうことを心から願っています。

２０２１年10月

越川　慎司

本書は書き下ろしです

越川慎司（こしかわ・しんじ）

株式会社クロスリバー代表取締役社長、株式会社キャスター執行役員。国内および外資系通信会社に勤務、ITベンチャーの起業を経て、2005年にマイクロソフト入社。業務執行役員としてPowerPointやOffice365などの事業責任者を歴任。2017年に企業の行動改革を支援する会社として株式会社クロスリバーを創業。メンバー全員が週休3日・週30時間労働、複業、リモートワークを約5年継続。延べ800社以上に、無駄なことをやめて成果につながる行動に注力する行動変革を提供。企業向けのオンライン講座は累計21万人が受講し、満足度は平均92%以上、行動を変える受講者が続出している。2018年から1000人以上がリモートワークの株式会社キャスター執行役員と兼任。著書17冊。『AI分析でわかった トップ5%社員の習慣』『AI分析でわかった トップ5%リーダーの習慣』（共にディスカヴァー・トゥエンティワン）、『科学的に正しい ずるい資料作成術』（かんき出版）、『巻込力』（経済法令研究会）など。講演は年間300件以上。

問い合わせ先 https://cross-river.co.jp/contact/

「普通《ふつう》」に見《み》えるあの人《ひと》が
なぜすごい成果《せいか》をあげるのか
17万人《まんにん》のAI分析《ぶんせき》でわかった新《あたら》しい成功法則《せいこうほうそく》

2021年12月2日　初版発行

著　者　越川慎司《こしかわしんじ》
発行者　青柳昌行
発　行　株式会社KADOKAWA
〒102-8177　東京都千代田区富士見2-13-3
電　話　0570-002-301（ナビダイヤル）
印刷所　大日本印刷株式会社

●お問い合わせ
https://www.kadokawa.co.jp/（「お問い合わせ」へお進みください）
※内容によっては、お答えできない場合があります。
※サポートは日本国内のみとさせていただきます。
※Japanese text only

定価はカバーに表示してあります。

ISBN 978-4-04-605459-3 C0030